Conduire un véhicule de promenade

LES PUBLICATIONS DU QUÉBEC
1500 D, rue Jean-Talon Nord, Québec (Québec) G1N 2E5

VENTE ET DISTRIBUTION
Téléphone : 418 643-5150, sans frais, 1 800 463-2100
Télécopieur : 418 643-6177, sans frais, 1 800 561-3479
Internet : www.publicationsduquebec.gouv.qc.ca

**Catalogage avant publication
de Bibliothèque et Archives Canada**

Jean, Michèle, 1961-

Conduire un véhicule de promenade

Comprend un index.

ISBN 2-551-19698-1

1. Conduite automobile–Québec (Province)–Guides,
manuels, etc.   2. Sécurité routière– Québec (Province)–
Guides, manuels, etc.   3. Circulation–Droit–Québec
(Province)–Guides, manuels, etc.   4. Signalisation routière–
Québec (Province)– Guides, manuels, etc.   I. Briand,
Micheline, 1953-   . II. Société de l'assurance automobile
du Québec. I. Titre.

TL152.55.C3C67 2005   629.28'3'09714   C2005-942212-2

Conduire un véhicule de promenade

LES PUBLICATIONS DU QUÉBEC

Québec

Cette édition a été produite par
Les Publications du Québec
1500 D, rue Jean-Talon Nord,
1ᵉʳ étage
Québec (Québec) G1N 2E5

Chef de projet
Pierre Fortier

Direction artistique
Lucie Pouliot

Chargé de production
Laurent Langlois

Illustrations
Bertrand Lachance

Graphisme et mise en page
Deschamps Design

Cette publication a été réalisée
par la Société de l'assurance
automobile du Québec.

Recherche et rédaction
Michèle Jean et Micheline Briand,
Service des usagers de la route

Avec la collaboration de
Diane Hamel,
Service des usagers de la route

Chantal Bérard,
Centre de service de Joliette

France Clermont,
Centre de service de Longueuil

Marylène Fréchette,
Centre de service de Val d'Or

Pierre Lamoureux,
Centre d'évaluation
des conducteurs Montréal

André Lemay,
Direction régionale de Québec–
Estrie-Mauricie–Centre du Québec

Renée Paquet,
Service du soutien aux opérations

Gaétan Simard,
Centre de service de Alma

Louise Tremblay,
Centre de service de Roberval

Andrée Veilleux,
Centre de service de Lévis

Guy Viel,
Centre de service de Rivière-du-Loup

Coordination du projet
Diane Godbout

Correction linguistique
Hélène Hurtubise et Carole Pâquet

Dépôt légal – 2005
Bibliothèque nationale du Québec
Bibliothèque nationale du Canada
ISBN 2-551-19698-1
© Gouvernement du Québec – 2005

TABLE DES MATIÈRES

Chapitre 1   LA PRÉPARATION À LA CONDUITE

ADOPTER UNE ATTITUDE PRÉVENTIVE 2

Prévoir une période d'apprentissage 2

Acquérir des connaissances 2

De la théorie... 2

...à la pratique 3

Être disposé à conduire 4

Adopter une conduite responsable 8

Respecter ses limites 8

Respecter les priorités prévues pour
les usagers de la route 8

Planifier ses déplacements 9

CONNAÎTRE SON VÉHICULE 10

La position de conduite 11

Les pédales 11

- L'accélérateur 12

- La pédale de frein 12

- La pédale d'embrayage 12

Le siège 13

- L'ajustement du dossier 14

Le volant 14

L'appuie-tête 15

Les rétroviseurs 16

Les dispositifs liés à la sécurité 17

La ceinture de sécurité 17

Les coussins gonflables 18

Les commandes 19
  Le commutateur de contact 19
  Le frein de stationnement 20
  Le levier de vitesses 20
  - Le véhicule à transmission automatique 22

Les pneus 23
  Le choix des pneus 23
  L'entretien des pneus 23

Les éléments liés à la visibilité 25
  Les glaces 25
  Les pare-soleil 25
  Les systèmes de chauffage,
  de ventilation et de climatisation 25

  Les essuie-glaces 26

Les dispositifs liés à la communication 27
  L'avertisseur sonore (klaxon) 27
  Les phares et les feux 27
  - Les phares 28
    Les feux de jour 28
    Les feux de croisement 28
    Les feux de route 28

  - Les feux de changement de direction 28
  - Les feux de détresse 29
  - Les feux de freinage (incluant le feu surélevé) 29
  - Les feux de marche arrière 29

Les autres composantes 29

PRÉPARER LE VÉHICULE ET LE TRANSPORT 30

Les vérifications périodiques 30

La préparation du transport 35
  La disposition des objets et bagages 35
  Le porte-bagages 36
  Le transport d'un animal 37

DES EXERCICES D'APPRENTISSAGE 38

Chapitre 2   L'APPRENTISSAGE DE BASE :
OBSERVER – ÉVALUER – AGIR

OBSERVER – ÉVALUER – AGIR 44

   L'importance de la vision 44

   Garder les yeux en mouvement 46

   Regarder haut et loin 47
     À l'approche d'une courbe 48

   Élargir son champ de vision 48
     À l'approche d'une intersection 49
     En zone urbaine 49
     En avant et sur les côtés 50
     En arrière 51
     - Les rétroviseurs 52
     - Les angles morts 52

OBSERVER – ÉVALUER – AGIR 57

   Évaluer le risque réel ou potentiel 57

   Choisir la solution appropriée 59

OBSERVER – ÉVALUER – AGIR 59

DES EXERCICES D'APPRENTISSAGE 60

Chapitre 3   LA MAÎTRISE DU VÉHICULE

LES LOIS DE LA PHYSIQUE 66

   La friction 66

   La gravité 67

   L'inertie 68

   La force centrifuge 69

   L'énergie cinétique 70

   La force d'impact 71

CIRCULER DE FAÇON SÉCURITAIRE 73

Maîtriser les manœuvres de base 73
    Démarrer le moteur 74
    Se préparer à la mise en mouvement 75
    Maîtriser le volant 76
    Conduire en ligne droite 76
    Prendre les virages 76
    Ralentir en vue d'une immobilisation 78
    Manipuler le levier de vitesses d'un
    véhicule à transmission automatique 78
    La marche arrière 79

Stationner 81
    S'engager dans un espace de stationnement 81
    Quitter un espace de stationnement 81

Se déplacer 85
    Entrer sur un chemin public 85
    Conduire en ligne droite 86
    Négocier une courbe 87
    Sortir de la circulation 89
    Se préparer à quitter le véhicule 90

Franchir une intersection 91
    S'immobiliser à une intersection 91
    Traverser à une intersection 92
    Effectuer un virage à une intersection 94
    Effectuer un virage en double 96

S'adapter à la circulation 96
    Changer de voie 96
    Faire demi-tour 98
    Dépasser 98
    Sur une autoroute 99
    Être dépassé 100
    Entrer sur une autoroute 100
    Circuler sur une autoroute 102
    Sortir d'une autoroute 104

DES EXERCICES D'APPRENTISSAGE 106

Chapitre 4   LE PARTAGE DE LA ROUTE

ADOPTER UNE CONDUITE SÉCURITAIRE 116

Communiquer sa présence et ses intentions 116
    Les phares 117
    L'appel de phares 118
    Le contact visuel 118
    L'avertisseur sonore (klaxon) 118
    Les feux de changement de direction (clignotants) 119
    Les feux de freinage 120
    Les autres feux 120

Maintenir une vitesse et une distance sécuritaires 120
    Garder ses distances à l'avant 122
    Garder ses distances à l'arrière 123
    La distance d'arrêt 124

COLLABORER AVEC LES AUTRES
USAGERS DE LA ROUTE 126

Avec les piétons 126
    Les piétons qui ont une déficience visuelle 127
    - Devant un panneau «Cédez le passage» 127
    - Devant un panneau d'arrêt ou un feu rouge 128

Avec les enfants 128

Avec les cyclistes 129

Avec les cyclomotoristes 131

Avec les motocyclistes 131

Avec les véhicules lourds 132
    Les véhicules lents...................................... 134
    Les véhicules qui servent à l'entretien des routes 135
    Les véhicules dont la largeur dépasse les normes 135

    Avec les autobus 136

    Les autobus scolaires 136

Avec les véhicules d'urgence 137

Avec les véhicules qui effectuent des arrêts fréquents 138

Avec les motoneiges ou les véhicules tout-terrains 138

Avec les véhicules stationnés 138

Avec les véhicules qui viennent en sens inverse 139

ADAPTER SA CONDUITE
AUX SITUATIONS PARTICULIÈRES 140

Sur un terrain de stationnement 140

Dans une rue étroite 140

Dans une zone scolaire 140

Dans un tunnel 140

À l'approche d'un pont 141

À l'approche d'un passage à niveau 141

Près des échangeurs 142

Dans un embouteillage 142

Dans une zone agricole 143

En présence d'un chantier routier 143

Aux croisements des routes 143

Dans une côte montante 144

En présence d'une voie réservée aux véhicules lents ... 145

DES EXERCICES D'APPRENTISSAGE 146

Chapitre 5   LES STRATÉGIES DE CONDUITE

LES CONDITIONS DIFFICILES 152

La conduite de nuit 152

Réduire sa vitesse 152

Augmenter la distance avec le véhicule qui précède 153

Garder le pare-brise propre et en bon état 153

Conserver un bon éclairage 153

Éviter de fixer les phares des véhicules 154

Éviter d'aveugler les autres conducteurs 154

L'éblouissement 154

Les gouttes de pluie,
les cristaux de neige et le brouillard 155

L'état du pare-brise 155
L'éclairage à l'intérieur du véhicule 155
Les conditions climatiques 156
La pluie 156
La brume ou le brouillard 157
**Les vents violents ou les déplacements d'air
occasionnés par le passage des véhicules lourds** 159
Les surfaces dangereuses 161
Les surfaces glissantes 161
Une chaussée brisée 162
Les routes de terre et de gravier 163
La conduite hivernale 164
La préparation de son véhicule 165
Les précautions d'usage 166
- Les pneus d'hiver 166
- Le réservoir d'essence 167
- Bien voir 167
- Les phares et les feux 168
- Sous les ailes 168
- Les freins 168
La mise en mouvement du véhicule
et la conduite en douceur 169
- Les surfaces enneigées ou glacées 171
- Dans une côte qui monte 171
- Dans une côte qui descend 173
Le freinage et l'immobilisation 173
Le freinage d'urgence 174
Le système de freinage antiblocage (ABS) 175
Le stationnement 175
L'enlisement 176
- Avec les roues libres 177
- Technique de balancement 177
- Les plaques antidérapantes 178
Dans une tempête de neige 179

LES SITUATIONS D'URGENCE 180

Les problèmes mécaniques 181

Les obstacles 188

Les animaux 188

- Dans un secteur à risque 188

- En présence d'animaux sur la route 189

Les obstacles sur la chaussée 189

Les manœuvres complexes 190

Freiner d'urgence 190

Se déplacer sur l'accotement avec deux roues 191

Maîtriser un dérapage 192

**En cas de dérapage de l'avant
ou de l'arrière du véhicule** 192

Maîtriser l'aquaplanage 194

Traverser une mare d'eau 195

Les situations imprévisibles 196

Un feu se déclare dans le véhicule 196

Un risque de collision frontale 197

Un insecte dans le véhicule 198

Un véhicule en contact avec des fils électriques 198

Un véhicule immergé 199

En cas de panne 199

En cas de panne sur une voie ferrée 200

- S'il n'y a pas de train 201

- S'il est impossible de déplacer le véhicule 201

Prévenir la panne 201

En cas d'accident 202

Protéger les victimes 203

Appeler les secours 204

Porter assistance 205

DES EXERCICES D'APPRENTISSAGE 206

Chapitre 6   LA CONDUITE PRÉVENTIVE

CONTRÔLER LA SITUATION 214
   Bien voir et bien entendre 214
      Demeurer alerte 214
      Éliminer les distractions 215
      - Le téléphone cellulaire 217
   Prévenir la somnolence et la fatigue 218
   Conduire sans avoir consommé
   d'alcool ni de drogues 221
      Les fausses croyances 223
      Les mesures de rechange 223

ÊTRE COURTOIS SUR LA ROUTE 224

SE CONCENTRER SUR LA CONDUITE 226
   Faire face à la pression des autres 227
   Faire face aux comportements
   irrespectueux ou agressifs 229
   Assurer la sécurité de ses passagers 232
   Être à l'écoute de ses passagers 232

SUR LA ROUTE DU SUCCÈS 233

DES EXERCICES D'APPRENTISSAGE 234

ANNEXES

ANNEXE I   LES DISPOSITIFS DE SÉCURITÉ
             POUR ENFANTS 241

ANNEXE II   LA TRANSMISSION MANUELLE 245

ANNEXE III   LES TÉMOINS LUMINEUX
             ET LES INDICATEURS 253

ANNEXE IV   LA TROUSSE DE DÉPANNAGE 259

ANNEXE V   LES VÉHICULES UTILITAIRES SPORT (VUS) 261

LA PRÉPARATION À LA CONDUITE

Conduire est une activité complexe. C'est avec le temps que les connaissances de base sont maîtrisées et que les habiletés nécessaires se développent. Dans le premier chapitre, il sera question de bien préparer le conducteur au plaisir de conduire un véhicule de promenade, sans en négliger l'aspect sécuritaire. L'attitude préventive du conducteur est donc le premier sujet traité. Il sera aussi question de la position du conducteur et des principales composantes d'un véhicule de promenade.

La dernière partie de ce chapitre traitera de la préparation du véhicule et du transport. Le conducteur doit y porter une attention particulière pour conduire en sécurité. L'information présentée ne remplace pas le manuel du propriétaire. Ce manuel contient une foule de renseignements pratiques et des conseils utiles pour profiter des particularités et des équipements de son véhicule. Les recommandations qu'il formule sont particulières au véhicule et à la façon de le maintenir en bon état. Le conducteur doit prendre l'habitude de le consulter de façon régulière.

ADOPTER UNE ATTITUDE PRÉVENTIVE

La conduite d'un véhicule fait grandement appel aux connaissances, au jugement du conducteur de même qu'à sa capacité de voir et de prévoir. La théorie permet d'acquérir les connaissances et de développer les habiletés, mais ce sont surtout la pratique et l'expérience qui entrent en jeu dans l'attitude préventive du conducteur.

La conduite d'un véhicule de promenade implique aussi de partager la route. En plus d'apprendre à conduire, le conducteur doit bien se comporter et respecter tous les usagers de la route : automobilistes, piétons, cyclistes, conducteurs de véhicules lourds, motocyclistes et cyclomotoristes.

■ PRÉVOIR UNE PÉRIODE D'APPRENTISSAGE

Avant de conduire, le conducteur doit prévoir une période d'apprentissage qui peut varier beaucoup d'une personne à l'autre. Elle lui permet d'assimiler de l'information en faisant appel à différentes sources de références, tant théoriques que pratiques.

■ ACQUÉRIR DES CONNAISSANCES

De la théorie...

Avant de passer à la pratique, il est important d'acquérir des connaissances théoriques comme les règles de la circulation, la signalisation routière et les techniques de conduite.

Les manuels sont une bonne source de références pour commencer son apprentissage. Pour bien se préparer, l'apprenti conducteur consultera le présent guide ainsi que le *Guide de la route* qui résume, entre autres, les principales règles du *Code de la sécurité routière*.

> ## TESTER VOS CONNAISSANCES SUR LA CONDUITE AUTOMOBILE
>
> **Le conducteur peut aussi évaluer
> ses connaissances avec le test en ligne
> disponible au site Web de la Société
> de l'assurance automobile du Québec au**
>
> **www.saaq.gouv.qc.ca**

Le *Guide de l'accompagnateur pour l'apprentissage de la conduite d'un véhicule de promenade* est aussi un outil précieux. Il résume les différentes techniques de conduite et propose une fiche d'évaluation qui permet à l'accompagnateur de noter les progrès du nouveau conducteur pendant la période d'apprentissage.

Enfin, les cours offerts dans les écoles de conduite reconnues ne sont pas obligatoires, mais fournissent une bonne préparation, tant théorique que pratique.

... à la pratique

Pour la pratique, l'apprenti conducteur doit prévoir plusieurs heures d'exercice. Il est recommandé de pratiquer dans diverses conditions climatiques et routières, entre autres, sous la pluie ou la neige, le soir ou la nuit, sur différentes routes et lorsqu'il y a beaucoup de circulation.

Pour progresser dans l'apprentissage de la conduite, l'apprenti conducteur devrait être assisté d'un accompagnateur calme avec qui il peut avoir des échanges. Il pourrait aussi discuter avec des conducteurs expérimentés.

▓ ÊTRE DISPOSÉ À CONDUIRE

Le conducteur a besoin de toutes ses capacités pour conduire en toute sécurité. Lorsqu'il conduit, il doit sans cesse utiliser sa vision, être à l'écoute des bruits dans la circulation, avoir une bonne coordination et une bonne mobilité pour pouvoir tourner le volant ou regarder dans les angles morts sans faire de fausses manœuvres. Il doit aussi percevoir rapidement les dangers et prendre les décisions pour agir très vite. Une excellente condition physique et mentale est donc un atout important pour la conduite automobile.

Plusieurs facteurs peuvent affecter la capacité de conduire du conducteur : la maladie, le stress, la fatigue, le vieillissement, la consommation d'alcool, de drogues ou de médicaments.

Le conducteur doit tenir compte de son état physique au moment de prendre le volant. Par exemple, une grippe ou une migraine peuvent nuire à la conduite automobile. Certaines blessures au pied, au poignet ou au bras peuvent même rendre la conduite automobile dangereuse.

Certaines maladies exigent la prise de médicaments qui peuvent détériorer la capacité de conduire. C'est le cas des médicaments prescrits pour combattre l'anxiété et les allergies qui produisent des effets semblables à ceux de l'alcool, en particulier la somnolence ou l'excitation. Le conducteur doit toujours s'informer auprès du médecin ou du pharmacien pour connaître les effets des médicaments sur la conduite automobile, que ces médicaments soient prescrits ou en vente libre. Il est aussi important de lire les mises en garde inscrites sur les emballages afin de connaître les effets secondaires de ces médicaments.

La concentration du conducteur, sa vigilance et sa capacité de réagir de façon efficace sont des éléments clés pour une conduite sécuritaire.

Bien évaluer la situation et ajuster son comportement en conséquence permettent au conducteur d'éviter qu'elle devienne dangereuse. Il est essentiel d'assurer sa sécurité et celle des autres usagers de la route.

- D'une part, il doit savoir décoder et prévoir les indications de la signalisation routière. Par exemple : un feu de signalisation vert depuis un bon moment risque de passer au jaune lorsque le véhicule arrivera à l'intersection.

- D'autre part, il doit savoir anticiper le comportement des autres usagers de la route. Par exemple : un automobiliste peut changer de voie sans actionner son feu de changement de direction. Un ballon qui roule dans la rue n'est pas seulement un obstacle à contourner ; il peut très bien être suivi par un jeune enfant qui traverse la rue pour récupérer son ballon.

LE CONDUCTEUR
ET LA PROTECTION
DE L'ENVIRONNEMENT

Le secteur des transports, par la combustion de l'essence, représente environ 34 % de l'ensemble des émissions canadiennes de dioxyde de carbone (CO_2). C'est le principal gaz à effet de serre.

Plus la quantité de gaz à effet de serre dans l'atmosphère est élevée, plus les températures sur terre augmentent. Cela cause des changements majeurs du climat dans le monde entier. C'est ce qui est appelé le réchauffement de la planète ou les changements climatiques.

Le réchauffement de la planète est une menace sérieuse. Il peut avoir des conséquences importantes sur la santé et sur l'environnement. C'est pourquoi toute personne se doit d'améliorer la situation et de diminuer les émissions de gaz à effet de serre. Même le conducteur d'un véhicule peut relever ce défi.

Ce logo accompagnera tous les conseils éconergétiques (écologiques et énergétiques) qui seront présentés dans ce guide. Ces conseils visent à protéger l'environnement, à réduire la consommation d'essence et à diminuer les émissions de gaz à effet de serre. Selon ses habitudes et sa fréquence de conduite, le conducteur qui les applique peut faire des économies chaque année en essence et en entretien.

Les personnes qui désirent des informations supplémentaires peuvent consulter les sites Web suivants :

- Office de l'efficacité énergétique au **www.oee.nrcan.gc.ca**

- Agence de l'efficacité énergétique du Québec au **www.aee.gouv.qc.ca**

■ ADOPTER UNE CONDUITE RESPONSABLE

En tout temps, le conducteur doit se soucier de sa sécurité et de celle des passagers, sans négliger les autres usagers de la route.

Respecter ses limites

Pour adopter une conduite responsable, le conducteur débutant ou expérimenté doit apprendre à connaître et à respecter ses limites.

Pour le débutant, les principales limites concernent sa capacité d'exploration visuelle et sa capacité d'anticiper. En effet, bien manipuler le volant dans un virage serré s'apprend par la pratique et l'expérience, mais encore faut-il avoir vu et prévu le virage. Aussi, les passagers peuvent distraire le conducteur. Quand cela devient une source de stress, le débutant ne doit pas hésiter à refuser la présence d'un passager autre que l'accompagnateur.

De son côté, le conducteur expérimenté peut développer un excès de confiance et même se croire invincible. Il doit veiller à ne pas surestimer ses habiletés et demeurer vigilant en tout temps.

Respecter les priorités prévues pour les usagers de la route

Un conducteur doit respecter le *Code de la sécurité routière* et ses règles de circulation, entre autres, les priorités de passage destinées à protéger les usagers les plus vulnérables. Il peut ainsi prévenir les situations qui pourraient être dangereuses.

Par exemple, au moment de changer de voie, de traverser une intersection ou d'effectuer un virage, le conducteur doit respecter la priorité des autres véhicules et bien évaluer leur distance et leur vitesse. Il doit toujours être vigilant et faire des choix responsables.

Planifier ses déplacements

En évaluant le temps nécessaire pour se rendre à destination, le conducteur évitera de circuler rapidement ou d'opter pour des manœuvres brusques de dernière minute. Ces actions pourraient compromettre la sécurité du conducteur ou des autres usagers de la route. Voici donc quelques conseils simples pour planifier ses déplacements :

- partir à l'avance ;

- choisir la route qui offre le plus de sécurité pour effectuer le trajet, par exemple, une route principale au lieu d'une autoroute ;

- prévoir un autre trajet en cas de trafic ou de travaux routiers ;

- se renseigner sur les conditions météorologiques et sur l'état de la circulation pour emprunter un autre trajet, si cela est nécessaire ;

- consulter le service de l'état des routes pour des déplacements éloignés ;

- consulter une carte récente du territoire ou de la région pour un long parcours ou pour des déplacements en région.

Effectuez un seul déplacement en regroupant plusieurs achats ou sorties. Faire des déplacements courts ne permet pas au moteur et à la transmission d'atteindre leur température maximale de fonctionnement. En effet, il faut rouler au moins 5 km pour atteindre cette température et ainsi diminuer la consommation d'essence et les gaz d'échappement.

Planifier ses parcours permet au conducteur de savoir où se diriger et d'éviter les détours inutiles. C'est une bonne habitude à prendre, même lorsqu'il connaît bien le trajet. Il peut ainsi mieux se concentrer sur la route, conduire avec plus d'assurance et contribuer à la sécurité de tous. Dans de mauvaises conditions, par exemple, lorsque des événements imprévisibles arrivent comme un accident ou des travaux routiers, il faut être plus attentif.

 Soyez alerte et vigilant même sur un parcours connu.

CONNAÎTRE SON VÉHICULE

Le conducteur doit porter son attention sur l'environnement externe et non sur l'intérieur de l'habitacle. Plusieurs dispositifs et accessoires sont conçus pour la sécurité et le confort du conducteur et des passagers. Il est important que le conducteur connaisse bien leur emplacement afin de pouvoir les utiliser sans les regarder en conduisant.

Référez-vous au manuel du propriétaire pour plus de détails sur les accessoires, les équipements et leur ajustement.

■ LA POSITION DE CONDUITE

Pour conserver le contrôle du véhicule, le conducteur doit adopter une position de conduite qui lui permet d'atteindre facilement les pédales, les commandes et le levier de vitesses sans avoir à bouger le corps.

Minimum
de 25 cm

Les pédales

La pédale de l'accélérateur et la pédale du frein se trouvent sur tous les véhicules tandis que la pédale d'embrayage existe seulement sur les véhicules à transmission manuelle.

Pour favoriser un bon contact avec les pédales, le conducteur doit porter des chaussures qui tiennent bien aux pieds. Les chaussures à semelles minces sont préférables, car elles permettent de mieux sentir les pédales. Il faut éviter les chaussures à talons hauts et celles qui ne sont pas attachées à l'avant et à l'arrière comme les sandales de plage.

L'accélérateur

L'accélérateur est la pédale la plus à droite qui permet de maîtriser la vitesse du véhicule. Appuyer de façon graduelle sur l'accélérateur en posant le pied droit à plat sur la pédale fait avancer le véhicule sans secousses. Pour éviter la fatigue de la jambe, le talon devrait être appuyé au plancher du véhicule.

La pédale de frein

La pédale de frein est située à gauche de l'accélérateur. Elle permet d'actionner le système de freinage principal qui a pour fonction de ralentir, ou encore d'immobiliser le véhicule. Cette pédale doit aussi être actionnée à l'aide du pied droit.

Si le véhicule est muni d'un servofrein et que le moteur cale, vous devez appuyer fortement sur la pédale de frein pour ralentir et immobiliser le véhicule.

La pédale d'embrayage

La pédale d'embrayage est située à gauche de la pédale de frein. Elle est présente uniquement sur les véhicules à transmission manuelle. En appuyant jusqu'au fond sur cette pédale, le lien entre la transmission et le moteur est interrompu, ce qui permet de changer de vitesse. C'est le point mort ou le point neutre.

Quelques conseils d'utilisation de la pédale d'embrayage :

- elle doit être enfoncée avec le pied gauche et maintenue au plancher pendant le déplacement du levier de vitesses ;

- tout en conservant une légère flexion de la jambe, le conducteur doit être assis de façon à enfoncer la pédale pour pouvoir débrayer complètement ;

- pour éviter une usure prématurée du mécanisme d'embrayage, le conducteur ne doit pas laisser son pied reposer sur la pédale en cours de route.

Sur les véhicules plus récents, la pédale d'embrayage doit être enfoncée au plancher pour pouvoir démarrer le véhicule.

Le siège

Avant de démarrer le véhicule, le conducteur doit régler son siège. Un ajustement adéquat et confortable contribue à mieux maîtriser le véhicule et permet au conducteur de bien voir la chaussée devant. Cela contribue aussi à diminuer la fatigue pendant la conduite.

Il est important de ne pas régler son siège en conduisant pour éviter les risques de perte de contrôle du véhicule.

Après l'ajustement, assurez-vous que le siège est bien verrouillé.

Pour vérifier si le siège est bien verrouillé, le conducteur ne doit pas être capable de le déplacer vers l'arrière ou vers l'avant, après avoir relâché l'équipement d'ajustement du siège.

Le siège est bien ajusté lorsque :

• les deux jambes du conducteur ne sont pas complètement tendues. Elles doivent être légèrement pliées et former un angle afin que le conducteur puisse enfoncer complètement l'une ou l'autre des pédales sans avoir à se déplacer. Si les jambes restent tendues, le conducteur ne pourra pas bien maîtriser son véhicule en cas d'urgence ;

• la cuisse droite ne touche pas au volant lorsque le conducteur passe de la pédale d'accélération à la pédale de frein.

L'ajustement du dossier

Après avoir réglé la position du siège, le conducteur doit se pencher légèrement vers l'avant ou vers l'arrière pour incliner ou redresser le dossier. Il actionne le dispositif d'ajustement du siège jusqu'à la position désirée. Le conducteur doit ensuite poser les mains sur le volant et s'assurer que ses bras ne sont pas complètement tendus, mais un peu pliés.

La ceinture de sécurité offre davantage de protection lorsque le conducteur est assis au fond du siège et qu'il se tient droit, le dos contre le dossier. Il est dangereux de circuler si le dossier est trop incliné, car le baudrier, c'est-à-dire la partie supérieure de la ceinture, ne repose plus sur le corps. En cas de collision, le conducteur ou le passager ne bénéficieraient pas de la protection assurée par une ceinture bien ajustée. Ils risqueraient aussi de se blesser gravement.

Le volant

Le rôle du volant est capital, car il permet d'orienter les roues du véhicule dans la direction voulue. Le volant d'un véhicule muni d'une direction assistée (servodirection) se tourne plus facilement, ce qui réduit l'effort exigé du conducteur. Le conducteur doit ajuster le volant de façon à le manier le mieux possible, et aussi s'assurer de voir l'ensemble des indicateurs du tableau de bord. Si le véhicule est muni d'une servodirection et que le moteur cale, il faudra fournir un très grand effort physique pour garder le contrôle de la direction.

L'appuie-tête

L'appuie-tête joue le rôle d'un «protège-tête» en limitant le mouvement de la tête vers l'arrière au moment d'une collision arrière. Il peut ainsi éviter au conducteur

> **SAVIEZ-VOUS QUE...?**
>
> *Un appuie-tête mal ajusté peut entraîner des blessures graves, même mortelles, au moment d'une collision.*

de subir une entorse cervicale. Si plusieurs personnes conduisent un même véhicule, chacune doit ajuster l'appuie-tête avant de démarrer.

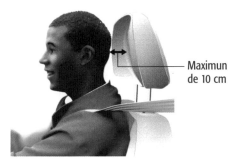

Maximun
de 10 cm

Pour obtenir une protection maximale, le conducteur doit considérer les éléments suivants :

- d'abord ajuster la hauteur. Le milieu de l'appuie-tête doit arriver à la hauteur des yeux ou du haut des oreilles. S'il est placé trop bas, à la hauteur de la nuque, le conducteur ne pourra pas éviter les risques d'entorse cervicale en cas de collision ;

- régler la distance entre la tête du conducteur et l'appuie-tête à un maximum de 10 centimètres.

 Pour rester attentif à la route, n'appuyez pas la tête sur l'appuie-tête en conduisant.

Les rétroviseurs

Le conducteur doit régler les rétroviseurs selon sa position de conduite.

Le rétroviseur intérieur qui permet de voir la zone arrière du véhicule doit être réglé de manière à voir toute la lunette arrière. S'il est trop petit, il faut alors donner priorité au côté droit de la lunette arrière.

Aussi appelés anti-éblouissants, la plupart des rétroviseurs intérieurs sont du type jour et nuit. En effet, ils comportent un dispositif qui évite au conducteur d'être ébloui par les phares des véhicules qui suivent. Il faut utiliser la position de jour qui offre une meilleure visibilité. La position de nuit sert uniquement lorsque les phares des véhicules qui suivent risquent d'éblouir le conducteur.

Les rétroviseurs extérieurs (gauche et droit) doivent permettre de voir un peu l'aile arrière du véhicule. Le conducteur peut alors voir une partie de la voie qu'il occupe ainsi qu'une partie de l'autre voie.

▓ LES DISPOSITIFS LIÉS À LA SÉCURITÉ

La ceinture de sécurité

SAVIEZ-VOUS QUE...?

La ceinture de sécurité est reconnue mondialement comme étant la meilleure mesure de protection des occupants d'une voiture. Voilà pourquoi, le *Code de la sécurité routière* oblige, depuis 1976, toute personne à porter correctement la ceinture de sécurité du siège qu'elle occupe.

En cas d'accident, le port de la ceinture de sécurité augmente les chances de survie de 50 %.

Le conducteur a aussi comme responsabilité de s'assurer que les passagers de moins de 16 ans bouclent leur ceinture. C'est lui qui devra payer l'amende et qui perdra des points d'inaptitude s'il ne respecte pas cette loi.

Si le passager a 16 ans et plus, c'est le passager qui devra assumer les pénalités.

Il est donc important de s'assurer que tous les passagers à bord du véhicule bouclent leur ceinture avant de prendre la route. Un passager qui prend place sur la banquette arrière n'est pas protégé par le siège avant au moment d'une collision. En effet, au moment de l'impact, tous les occupants sont projetés vers le point d'impact qui n'est pas nécessairement situé vers l'avant. De plus, dans le cas d'une collision frontale, il est fort probable que les genoux touchent le siège avant en premier. Cela pourrait entraîner une rotation du corps. En moins d'une seconde, le passager pourrait aussi se retrouver sur le siège avant, heurter des objets durs et même le conducteur ou un autre passager et le tuer.

Un enfant dont la hauteur assise est plus petite que 63 centimètres doit être installé dans un siège d'auto pour enfants adapté à son poids et à sa taille. Vous trouverez en annexe I une section qui traite des dispositifs de sécurité pour enfants.

Les coussins gonflables

Les coussins gonflables sont des dispositifs de sécurité qui ont fait leurs preuves. Ils évitent des blessures graves ou mortelles à la tête ou à la poitrine. Par exemple, ils empêchent le conducteur de se heurter la tête contre le volant et le passager avant, d'aller frapper le tableau de bord.

> ### SAVIEZ-VOUS QUE...?
>
> *Selon une étude menée aux États-Unis, l'usage combiné des ceintures de sécurité et des coussins gonflables réduit de 75% les risques de blessures graves à la tête en cas de collision et de 66% les risques de blessures graves à la poitrine.*

Certaines personnes ont subi des blessures graves à la suite du déploiement des coussins gonflables. Cette situation a été causée alors qu'elles se trouvaient trop près du coussin lorsqu'il s'est déployé.

Le conducteur doit donc s'assurer qu'il y a une distance minimale de 25 centimètres entre le milieu de son sternum et le centre du volant. Pour y arriver, il doit :

- reculer son siège le plus possible tout en demeurant capable d'atteindre facilement les pédales ;

- incliner légèrement le dossier de son siège vers l'arrière ;

- rehausser son siège, si un dispositif sur le véhicule le permet ;

- utiliser un coussin antidérapant, si la nouvelle position de conduite réduit le champ de vision ;

- incliner le volant vers le bas s'il est réglable, afin de diriger le coussin gonflable vers la poitrine plutôt que vers la tête et le cou.

Minimum de 25 cm

Si le conducteur ne parvient pas à maintenir cette distance minimale de 25 centimètres, il est préférable de consulter le fabricant du véhicule ou un concessionnaire. Si la distance est inférieure, le déploiement du coussin gonflable pourrait causer des blessures.

▓ LES COMMANDES

Le commutateur de contact

Le commutateur de contact commande les circuits électriques dès que la clé est introduite dans le démarreur. Voici ses principales fonctions :

POSITION	FONCTION
Accessoires *(Acc.)*	Mise en fonction des accessoires électriques.
Verrouillage *(Lock)*	Verrouillage du volant et désactivation du système électrique.
Arrêt *(Off)*	Désactivation du système électrique sans que le volant soit verrouillé.
Marche *(On)*	Position normale pour la conduite après le démarrage du moteur. Permet aussi de vérifier les témoins et les indicateurs.
Démarrage *(Start)*	Démarrage du véhicule.

Il ne faut jamais arrêter le moteur pendant que le véhicule circule. La direction assistée et les freins assistés ne fonctionneraient plus. Le volant et les freins seraient alors très difficiles à actionner.

 Si par erreur le commutateur de contact est placé à la position de verrouillage (*Lock*) pendant la conduite, le volant sera bloqué, ce qui risque de faire perdre le contrôle du véhicule.

Le frein de stationnement

Le frein de stationnement permet de maintenir le véhicule immobile sans l'intervention du conducteur. Il agit sur les roues arrière et est indépendant du système de freinage principal. Selon le véhicule, il peut être situé entre les deux sièges avant ou à portée du pied gauche.

Le conducteur doit toujours garder le pied droit sur la pédale de frein lorsqu'il engage ou désengage le frein de stationnement peu importe le type de frein.

Avant de faire rouler le véhicule, il vaut mieux s'assurer que le frein de stationnement a été désengagé. Avant de quitter le véhicule, il faut engager le frein de stationnement même en terrain plat.

Le levier de vitesses

Ce levier permet de passer d'un rapport de vitesse à un autre, au point mort/position neutre (*N*) ou en marche arrière. On le trouve tant sur les véhicules à transmission automatique que sur les véhicules à transmission manuelle.

Sur les véhicules à transmission automatique, les changements de vitesse se font de façon automatique en fonction de la vitesse de déplacement ou de la force d'accélération. Sur les véhicules à transmission manuelle, le conducteur doit déplacer le levier de vitesses pour chaque changement de vitesse. Vous trouverez en annexe II une section traitant du véhicule à transmission manuelle.

**Levier pour
transmission automatique**

**Levier pour
transmission manuelle**

Le véhicule à transmission automatique

Pour le véhicule à transmission automatique, le conducteur change de rapport (P-R-N-D-2-1) à l'aide du levier.

Tableau de l'utilité des positions – transmission automatique	
P – Immobilisation *(Park)*	- Pour démarrer le moteur. - Pour verrouiller le volant et la transmission en position de stationnement.
R – Marche arrière *(Reverse)*	- Pour faire marche arrière. Dans cette position, les feux blancs s'allument à l'arrière du véhicule.
N – Point mort/ Position neutre *(Neutral)*	- Pour démarrer le moteur lorsqu'il cale en cours de route. - Pour freiner d'urgence sur une surface glacée.
D – Position de conduite *(Drive)*	- Pour que les changements de rapport se fassent de façon automatique. - Pour conduire en situation normale.
2 – Deuxième rapport	- Pour fixer le rapport de vitesse à la position 2 et éviter le changement automatique de la transmission pour circuler en ville ou sur un parcours vallonné et montagneux. - Pour la montée d'une côte modérée. - Pour profiter de la compression (frein moteur) dans une descente modérée à vitesse modérée et empêcher de surchauffer les freins.
1 ou L – Premier rapport *(Low)*	- Pour monter les côtes très prononcées à basse vitesse. - Pour empêcher de surchauffer les freins dans une descente prononcée. - Pour conduire à basse vitesse sur une chaussée enneigée, boueuse ou sablonneuse.

▓ LES PNEUS

Les pneus assurent à eux seuls le contact du véhicule avec la chaussée. La bonne adhérence des pneus est essentielle à la maîtrise du véhicule et à la sécurité des passagers. L'efficacité de la traction ou de la propulsion, de la direction et du freinage du véhicule dépend en grande partie de l'état des pneus et de leur usure.

Le choix des pneus

Pour favoriser la stabilité et la sécurité du véhicule, il est recommandé d'utiliser quatre pneus identiques : même marque, même modèle, même type de construction et même dimension.

Au Québec, pour déjouer l'hiver, il est indispensable de circuler avec des pneus d'hiver plutôt qu'avec des pneus quatre-saisons. Il faut éviter de circuler avec des pneus d'hiver en été. En effet, ils ne sont pas conçus pour les températures de la saison estivale et ils s'useraient plus rapidement.

L'entretien des pneus

L'élément essentiel de l'entretien des pneus est le maintien de la pression d'air recommandée par le constructeur du véhicule. Le niveau de pression d'air est indiqué sur l'étiquette située sur le côté de la portière du conducteur ou dans le manuel d'entretien du véhicule. La pression d'air inscrite sur le pneu par le fabricant sert uniquement de référence pour indiquer le niveau de pression maximal qu'il ne faut pas dépasser.

Le véhicule roulera mieux, consommera moins d'essence et sera plus sécuritaire si les pneus sont bien gonflés. En effet :

- un pneu dont la pression d'air est trop forte fournit une moins bonne adhérence et présente un risque de crevaison ;

- un pneu dont la pression d'air est trop faible s'échauffe. Il peut éclater et entraîner une perte de contrôle du véhicule.

Aussi, des pneus qui ne sont pas assez gonflés peuvent faire augmenter la consommation d'essence. La durée de vie des pneus peut même être réduite de 15 000 km. Selon le kilométrage parcouru avec le véhicule, le conducteur pourrait utiliser ses pneus une ou deux saisons de plus s'il respecte le niveau de pression d'air recommandé.

- Vérifiez la pression d'air des pneus au moins une fois par mois ;

- mesurez toujours la pression des pneus quand ils sont froids, c'est-à-dire lorsque le véhicule n'a pas roulé depuis au moins trois heures ou sur une distance de plus de 2 km. Il faut savoir que plus les pneus se réchauffent, plus leur pression augmente ;

- faites rééquilibrer la roue lorsqu'un pneu ou une jante ont été remplacés ;

- faites la rotation des pneus tous les 10 000 km. Cela réduit l'usure, diminue votre consommation d'essence et assure une conduite sécuritaire avec une performance maximale.

■ LES ÉLÉMENTS LIÉS À LA VISIBILITÉ

Les glaces

Les glaces (vitres) doivent être propres à l'intérieur et à l'extérieur. Elles doivent aussi être sans fissures.

Les glaces teintées posées par le constructeur d'un véhicule respectent les normes établies pour la fabrication. Le propriétaire d'un véhicule qui décide d'apposer lui-même ou de faire apposer du matériel assombrissant doit s'assurer que la nouvelle teinte est conforme aux exigences établies par le *Règlement sur les normes de sécurité des véhicules routiers*.

Il est interdit d'apposer du matériel assombrissant au pare-brise. Une bande d'au plus 15 cm de large peut cependant être placée sur la partie supérieure du pare-brise. Les vitres latérales situées de chaque côté du poste de conduite doivent laisser passer la lumière à 70 % ou plus lorsqu'elle est mesurée à l'aide d'un photomètre. Les vitres teintées au-delà des normes fixées risqueraient d'atténuer les contrastes, de réduire la visibilité et de rendre la conduite plus difficile. Un peu comme si le conducteur portait des verres teintés la nuit.

Les pare-soleil

Les pare-soleil sont des écrans amovibles qui évitent l'aveuglement par le soleil. Ils peuvent être utilisés face au pare-brise ou tournés vers le côté de façon à ne pas nuire à la vue.

Les systèmes de chauffage, de ventilation et de climatisation

L'emplacement des équipements de chauffage, de ventilation et de climatisation varie d'un véhicule à l'autre. Le conducteur doit connaître leur fonctionnement avant le départ parce qu'il risque de s'en servir, même sur un court trajet.

Les dégivreurs éliminent la condensation, la buée et le givre qui peuvent se former sur les parois du pare-brise, des vitres et de la lunette arrière. Les utiliser donnent une bonne visibilité au conducteur. Ils fonctionnent seulement lorsque la clé de contact est en position *(On)*. Pour désembuer les vitres de façon efficace, le conducteur peut aussi augmenter la circulation de l'air en abaissant légèrement une vitre.

 Pour nettoyer l'intérieur de la lunette arrière, frottez-la dans le sens horizontal. L'usage de produits abrasifs et de grattoirs peut couper ou endommager les minces fils qui sont des résistances électriques.

Les essuie-glaces

Les essuie-glaces sont des balais formés d'une lame de caoutchouc destinés à essuyer le pare-brise ou, parfois, la lunette arrière d'un véhicule. L'interrupteur permet généralement d'actionner à la fois l'essuie-glace et le lave-glace.

L'utilisation des essuie-glaces varie selon les différentes conditions climatiques. Par exemple, lorsque l'humidité colle au pare-brise, il suffit de l'enlever à l'aide des essuie-glaces. Par contre, pour enlever le mélange de bruine et de poussière, le lave-glace assure un meilleur nettoyage. Utiliser les essuie-glaces lorsque le pare-brise est sec risque de l'endommager.

■ LES DISPOSITIFS LIÉS À LA COMMUNICATION

Les différents dispositifs liés à la communication permettent au conducteur de signaler sa présence.

L'avertisseur sonore (*klaxon*)

L'avertisseur sonore est utilisé pour attirer l'attention des autres usagers de la route, en particulier les plus vulnérables comme les piétons et les cyclistes.

Les phares et les feux

Les phares et les feux servent à signaler sa présence ou ses intentions aux autres usagers de la route.

❶ Feu de position latéral jaunes
(un de chaque côté)

❷ Feux de position jaunes ou blancs

❸ Feux de changement de direction
(sert aussi comme feu de détresse)

❹ Phares de croisement/route

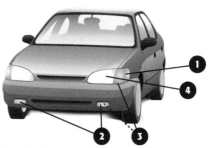

Tous les feux sont obligatoires, mais leur distribution varie d'un véhicule à l'autre.

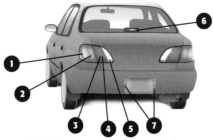

Tous les feux sont obligatoires, mais leur distribution varie d'un véhicule à l'autre.

❶ Feu de position latéral
(un de chaque côté)

❷ Feux de changement de direction
rouges ou jaunes
(sert aussi comme feux de détresse)

❸ Feux de position arrière

❹ Feux de freinage

❺ Feux de marche arrière blancs

❻ Feux de freinage surélevé

❼ Feux de plaque

Les phares

Les phares sont des projecteurs placés à l'avant d'un véhicule et destinés à éclairer la route. Ils produisent deux types d'éclairage :

• les feux de croisement qui sont des rayons lumineux renvoyés par la seule partie supérieure du réflecteur du phare ;

• les feux de route qui sont des rayons lumineux renvoyés par toute la surface du réflecteur du phare.

- Les feux de jour

Les feux de jour (*phares de jour*) sont souvent à faible intensité et s'allument de façon automatique.

- Les feux de croisement

Les feux de croisement (*phares de croisement*) servent sur les routes munies d'un éclairage continu. Ils s'allument en plaçant le sélecteur à la mise en marche (*On*). Il est préférable de les utiliser même le jour pour se rendre plus visible par les autres usagers de la route. Il est aussi recommandé de les utiliser quand la visibilité est réduite par la pluie, la neige ou le brouillard et dans un tunnel.

- Les feux de route

Les feux de route (*phares de route*) sont toujours à haute intensité. Ils servent, entre autres, sur les chemins peu ou pas éclairés. Lorsque le conducteur croise ou suit un véhicule, il doit utiliser les feux de croisement pour éviter d'éblouir l'autre conducteur.

Les feux de changement de direction

Souvent appelés «clignotants», les feux de changement de direction servent à indiquer aux autres usagers de la route ses intentions de faire un virage ou un changement de voie.

Les feux de détresse

Les feux de détresse peuvent être mis en fonction, peu importe la position de la clé de contact. Ils doivent être utilisés seulement pour des raisons de sécurité, par exemple, en cas de panne, d'urgence ou si le conducteur doit circuler à une vitesse qui peut nuire à la circulation normale.

Les feux de freinage (incluant le feu surélevé)

Les feux de freinage servent à prévenir les autres usagers de la route des ralentissements ou des arrêts du véhicule. Ils s'allument dès que le conducteur appuie sur la pédale de frein. Sur certains véhicules, la lumière émise par les feux de position arrière devient plus intense.

Les feux de marche arrière

Les feux de marche arrière sont les seuls à être de couleur blanche. Ils s'allument dès que le conducteur sélectionne la marche arrière (R) sur le levier de vitesses. Ils attirent ainsi l'attention des autres usagers de la route et les avertissent que le véhicule va reculer. Ils sont assez puissants pour permettre au conducteur de voir la route, même en l'absence d'éclairage.

Vous trouverez en annexe III une section traitant des témoins lumineux et des indicateurs du véhicule.

Les autres composantes

Avant de prendre la route, il vaut mieux se familiariser avec les composantes du véhicule qui n'ont pas été décrites dans le présent chapitre. Pour ce faire, le conducteur doit consulter le manuel du propriétaire.

PRÉPARER LE VÉHICULE ET LE TRANSPORT

Pour compléter la préparation à la conduite, le conducteur doit vérifier ce qui se trouve à l'intérieur de l'habitacle et procéder à une vérification périodique de l'état de son véhicule.

Vous trouverez en annexe IV une section qui traite de la préparation d'une trousse de dépannage.

■ LES VÉRIFICATIONS PÉRIODIQUES

Un entretien régulier et des vérifications effectuées avant un long parcours permettent au véhicule de fonctionner de façon sécuritaire. Ils peuvent éviter bien des ennuis et des réparations coûteuses.

Un véhicule mal entretenu produit plus de dioxyde de carbone (CO_2). Il peut consommer jusqu'à 50 % de plus d'essence pour parcourir la même distance qu'un véhicule en parfait état. Il peut donc causer plus de pollution et contribuer au smog, aux pluies acides et aux changements climatiques.

L'entretien régulier du véhicule contribue à protéger l'environnement. Il permet aussi de réaliser des économies chaque année en réduisant les frais d'essence et d'entretien du véhicule. Par exemple :

- un entretien régulier prévient le bris des pièces qui pourrait arriver plus tôt que prévu. Ces pièces pourront alors fonctionner à leur niveau le plus éconergétique possible ;

- le changement d'huile fait de façon régulière assure le fonctionnement optimal du véhicule. En effet, l'huile fraîche lubrifie mieux le moteur ce qui réduit au minimum la friction entre les pièces métalliques.

Elle aide aussi à refroidir le moteur et à le protéger contre la corrosion. Le changement d'huile contribue donc à une meilleure économie d'essence et réduit les émissions de gaz à effet de serre ;

• l'huile à moteur évacue les saletés, les petits morceaux de métal et les autres impuretés, et les dépose dans le filtre à huile. Il est donc recommandé de faire la vidange d'huile et de changer le filtre à huile selon le calendrier d'entretien du véhicule pour éviter des réparations coûteuses ;

• un filtre à air ou à essence bouché peut augmenter la consommation d'essence de 10 %.

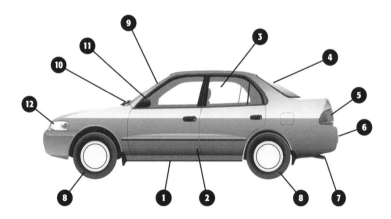

❶ Fuites possibles de liquide ou présence d'objets sous le véhicule	❼ Tuyau d'échappement
❷ Carosserie	❽ Pneus
❸ Glaces latérales	❾ Pare-brise
❹ Lunette arrière	❿ Essuie-glace
❺ Feux	⓫ Rétroviseur
❻ Plaque d'immatriculation	⓬ Phares

Le tableau suivant présente les principales vérifications périodiques à effectuer. Consulter le manuel du propriétaire, pour les renseignements spécifiques au véhicule, entre autres, la fréquence et la façon de procéder à ces vérifications.

TABLEAU DES VÉRIFICATIONS PÉRIODIQUES	
Composantes	**Trucs et mesures à prendre**
Pneus	- Vérifier la pression d'air à l'aide d'un appareil de mesure, appelé manomètre, lorsque les pneus sont «froids». Ne pas oublier de vérifier la roue de secours.
	- S'assurer qu'il n'y a pas de fissures ou de bosses sur la semelle ou sur le flanc du pneu.
	- Vérifier l'usure en procédant à une inspection visuelle : l'usure est-elle uniforme sur un même pneu ou identique sur les pneus avant, arrière, gauche ou droit ? Sur la plupart des pneus, un indicateur d'usure apparaît sous forme d'une marque à travers la bande de roulement. Voir l'illustration à la fin du tableau.
Freins	- Consulter un mécanicien lorsque : • la course de la pédale est trop longue ou qu'elle n'est pas ferme ; • le véhicule tire vers la droite ou vers la gauche au moment du freinage ; • les freins laissent entendre un bruit qui révèle leur usure ; • le témoin lumineux du circuit de freinage ou bien le témoin du système antiblocage s'allument.

TABLEAU DES VÉRIFICATIONS PÉRIODIQUES	
Composantes	**Trucs et mesures à prendre**
Pédale d'embrayage	- Consulter le manuel du propriétaire.
Système de direction	- Faire vérifier le système de direction si une anomalie est décelée, par exemple, si la voiture tire vers la droite ou vers la gauche pendant la conduite ou si elle vibre.
Batterie et alternateur	- Consulter le manuel du propriétaire.
Balais d'essuie-glace	- Vérifier leur état de façon régulière.
Lave-glace	- S'assurer d'en avoir en quantité suffisante. - Vérifier le niveau de façon périodique, par exemple chaque semaine ou à chaque plein d'essence.
Phares et feux	- S'assurer qu'ils sont en bon état. - Les nettoyer de façon régulière, surtout en présence de moustiques, de gadoue ou de neige abondante.
Liquide de refroidissement	- Pour vérifier le niveau de liquide, attendre que le radiateur soit tout à fait refroidi avant d'enlever le bouchon.
L'huile-moteur	- Vérifier le niveau d'huile-moteur et en ajouter au besoin.
Ceintures de sécurité	- Vérifier leur état et leur fonctionnement.

Indicateur
d'usure

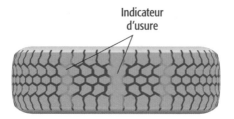

Usure inégale	Usure d'un seul côté	Usure sur les côtés	Usure au centre

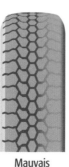  

Roue mal équilibrée	Mauvais parallélisme de la roue	Gonflage insuffisant	Gonflage excessif

Pour assurer le bon fonctionnement de votre véhicule :

- **soyez attentif aux bruits inhabituels et à tout indice qui peut indiquer un problème mécanique ;**

- **respectez les normes d'entretien préventif présentées dans votre manuel du propriétaire.**

■ LA PRÉPARATION DU TRANSPORT

Le conducteur doit s'assurer que l'intérieur du véhicule est sécuritaire. La disposition des bagages et l'installation appropriée d'un animal font partie de la préparation du transport.

La disposition des objets et des bagages

Aucun objet ou bagage ne doit être déposé ou suspendu à l'intérieur du véhicule, que ce soit :

- sur le tableau de bord ;
- sur la plage arrière, à la lunette arrière et aux vitres latérales ;
- aux pare-soleil ;
- au rétroviseur intérieur ;
- sur le plancher ;
- sur les sièges ;
- aux crochets.

Les objets ou bagages déposés ou suspendus à l'intérieur du véhicule peuvent :

- nuire à la visibilité ;
- réduire le champ de vision ;
- rendre difficile la vérification des angles morts ;
- se refléter dans le pare-brise ;
- éblouir le conducteur ;
- se déplacer et se loger sous l'une des pédales ;
- se déplacer et distraire le conducteur et ainsi causer des blessures en cas de freinage brusque et d'impact.

Pour transporter des bagages dans le coffre arrière d'un véhicule de type familial ou d'un modèle avec hayon, c'est-à-dire avec une porte arrière, il est préférable d'installer un dispositif de sécurité. Ce dispositif empêchera les bagages d'être projetés vers l'avant en cas d'impact.

Le porte-bagages

Les bagages, le matériel de sport ou tout autre article chargé sur le toit doivent être attachés de façon sécuritaire. Dans certains cas, utiliser un porte-bagages permet de mieux répartir une lourde charge, réduit la consommation d'essence et améliore la stabilité du véhicule.

La direction du véhicule peut être plus difficile à contrôler avec une lourde charge. Il faudra donc tenir compte des aspects suivants :

- l'accélération sera plus lente et les distances d'arrêt seront plus longues ;

- un coffre trop chargé peut nuire à la précision des phares et à leur portée. Il est préférable de répartir la charge vers l'avant ; ce qui vaut aussi pour le porte-bagages ;

- pour éviter qu'un objet se détache et provoque un accident, il est important, en cours de route, de vérifier le chargement et la tension des courroies d'attache.

Un porte-bagages de toit augmente la traînée aérodynamique, c'est-à-dire sa résistance à l'air. Même lorsqu'il est vide, il peut ralentir un véhicule, rendre la conduite difficile et augmenter la consommation d'essence. C'est pourquoi il est préférable d'avoir un porte-bagages qu'il est possible d'enlever.

Le transport d'un animal

Pour éviter que l'animal nuise à la vue et à la conduite, il est conseillé d'utiliser une cage conçue pour le transport. Un dispositif de sécurité prévu pour retenir l'animal au siège est aussi recommandé.

Des exercices
d'apprentissage

Chapitre 1

DES EXERCICES PRATIQUES

Les exercices sur route doivent être exécutés seulement après avoir obtenu votre permis d'apprenti conducteur. Vous devez aussi être accompagné d'une personne qui est titulaire d'un permis de conduire une automobile depuis plus de deux ans.

Exercez-vous à manipuler, sans les regarder, les éléments liés à la position de conduite et à la visibilité, les dispositifs liés à la sécurité et à la communication, les témoins et les indicateurs, ainsi que les commandes.

DES EXERCICES THÉORIQUES

1 **Charivari - Remettez les lettres dans le bon ordre.**

a) ITETDAUT EEÉTNRIVVP

b) NALVIGECI

c) SERNOPLEABS

d) CEPSERXUUET

e) PPAEUI-TTEÊ

f) TRRRÉVOUISES

g) SNUPE

h) ÉTILIBISIV

i) AAPPRRÉNIOT

j) NTIIIOACRÉVF

2 **Questions à choix multiples**

1. De quelle façon peut-on en général mettre en fonction les feux de freinage?

   a) En appuyant sur la pédale de frein.

   b) En actionnant les feux de détresse.

   c) En plaçant le sélecteur de phares à la première position.

2. De quelle façon peut-on désembuer les vitres de façon efficace?

   a) Augmenter la circulation de l'air en abaissant une vitre.

   b) Régler la manette du système de chauffage au maximum.

   c) Mettre le système de ventilation en fonction dès le démarrage du moteur.

3 Jeu d'associations

Inscrivez devant chaque définition de la colonne A la lettre associée au terme correspondant dans la colonne B.

Colonne A	Colonne B
1. Dispositif utilisé pour attirer l'attention des autres usagers de la route.	a) avertisseur sonore (klaxon)
	b) accélérateur
2. Ils servent à la circulation sur des routes non éclairées.	c) feux de croisement
	d) feux de changement de direction
3. Frein agissant sur les roues arrière et pouvant être utilisé en cas d'urgence.	e) frein de stationnement
4. Dispositif servant à indiquer aux autres les intentions du conducteur.	f) feux de détresse
	g) feux de freinage
5. Situés à l'arrière, ces feux rouges s'allument dès qu'on appuie sur la pédale de frein.	h) compteur kilométrique – odomètre
	i) feux de route
6. Dispositif utilisé en cas d'urgence.	j) freins à disque
	k) manomètre
7. Permet de modifier la vitesse du véhicule.	l) tachymètre

4 Vrai ou faux

Indiquez par un X si les énoncés suivants sont vrais ou faux.

	Vrai	Faux
1. La conduite d'un véhicule fait uniquement appel à des habiletés de conduite.	☐	☐
2. Il n'est pas obligatoire de porter la ceinture de sécurité lorsque le véhicule est muni d'un coussin gonflable.	☐	☐
3. La concentration, la vigilance et le temps de réaction sont des éléments clés de la capacité de conduire.	☐	☐
4. Au moment d'une collision, un appuie-tête mal ajusté peut entraîner des blessures graves.	☐	☐
5. Un passager qui prend place sur la banquette arrière est toujours protégé par la banquette avant au moment d'une collision.	☐	☐
6. L'âge est le seul facteur commun aux personnes qui subissent des blessures graves à la suite du déploiement des coussins gonflables.	☐	☐
7. La distance d'arrêt est plus courte lorsque le véhicule est trop chargé de bagages.	☐	☐

CORRIGÉ DES EXERCICES D'APPRENTISSAGE

Exercices	Questions	Réponses	Références
1 Charivari	a)	Attitude préventive	p. 2
	b)	Vigilance	p. 4, 8
	c)	Responsable	p. 8
	d)	Respectueux	p. 8
	e)	Appuie-tête	p. 15
	f)	Rétroviseurs	p. 16
	g)	Pneus	p. 23
	h)	Visibilité	p. 25
	i)	Préparation	p. 35
	j)	Vérification	p. 30
2 Choix multiples	1	a)	p. 29
	2	a)	p. 26
3 Jeu d'associations	1	a)	p. 27
	2	i)	p. 28
	3	e)	p. 20
	4	d)	p. 28
	5	g)	p. 29
	6	f)	p. 29
	7	b)	p. 12
4 Vrai OU Faux	1	F	p. 2
	2	F	p. 17
	3	V	p. 4
	4	V	p. 15
	5	F	p. 17
	6	F	p. 18
	7	F	p. 36

L'APPRENTISSAGE DE BASE :
OBSERVER–ÉVALUER–AGIR

Pour bien maîtriser un véhicule, le conducteur doit tenir compte de l'aspect technique de la conduite. Il portera une attention particulière, entre autres, aux pédales, au volant, aux différents contrôles, à la signalisation, à la direction et à la vitesse. Cependant, pour conduire, il faut plus qu'un apprentissage technique. Il faut aussi apprendre à voir et à anticiper.

La séquence **Observer–Évaluer–Agir** présentée dans ce chapitre est un moyen efficace d'exploration visuelle de la route. Observer l'environnement permet au conducteur de mieux évaluer la situation et ainsi d'agir en ayant des réactions appropriées, d'où l'importance de bien voir et surtout de bien anticiper.

OBSERVER–ÉVALUER–AGIR

La séquence d'exploration **Observer–Évaluer–Agir** permet au conducteur de voir et d'évaluer rapidement ce qui se passe autour de lui. Il peut donc agir plus vite et :

- placer son véhicule à l'endroit approprié ;
- circuler à une vitesse qui convient aux conditions routières et climatiques ;
- anticiper les situations risquées et réagir en conséquence.

Observer suppose qu'il faut savoir «lire la route». Une lecture efficace demande une bonne vision et de l'attention. Il faut aussi savoir anticiper et regarder loin devant. La vision lointaine permet de prévoir une situation risquée et d'amorcer une manœuvre assez tôt pour l'éviter. Pour ce faire, le conducteur dispose d'indices comme la signalisation, la circulation et les véhicules stationnés.

▓ L'IMPORTANCE DE LA VISION

Conduire un véhicule dépend en grande partie de l'information fournie par les yeux. Pour assurer sa sécurité et celle des autres usagers de la route, le conducteur doit avoir une vision qui lui permet :

- de distinguer nettement les objets éloignés ;
- d'évaluer les distances, ce qui est très important pour faire face à certaines situations à risque comme :
  - un véhicule qui vient en sens inverse et se prépare à tourner à gauche ;

- un piéton qui veut traverser la rue sans avoir la priorité de passage ;

- un cycliste qui apparaît tout à coup à la droite du véhicule pour tourner à l'intersection suivante en même temps que le conducteur ;

• d'avoir un champ visuel d'au moins 120°, ce qui lui permet de voir ce qui se trouve sur le côté ;

• de distinguer les couleurs ou pour les personnes daltoniennes, de reconnaître les éléments de signalisation comme le format des panneaux, la disposition des feux de circulation et la forme réservée à chaque couleur.

Conduire durant une longue période occasionne de la fatigue. L'acuité visuelle diminue et il devient plus difficile de bien évaluer les distances, ce qui augmente les risques de collision.

Le conducteur qui connaît bien ses capacités physiques et ses limites prendra les moyens nécessaires pour conduire de façon sécuritaire. Par exemple, il pourra :

• choisir ses moments pour conduire si sa perception visuelle est affectée par la fatigue ;

• se procurer de bons verres teintés ou éviter de conduire le soir s'il est sensible à l'éblouissement ;

• augmenter l'écart qui le sépare des autres véhicules s'il a des problèmes de perception des distances en utilisant différents points de repère.

■ GARDER LES YEUX EN MOUVEMENT

Le conducteur doit apprendre à lire la route. Par un mouvement des yeux appelé balayage visuel, il doit :

- bouger les yeux en alternant : gauche-avant-droite et droite-avant-gauche ;

- vérifier souvent dans le rétroviseur ce qui se passe derrière lui ;

- éviter de fixer un objet ou un point ;

- effectuer un mouvement régulier des yeux de façon à repérer l'information utile à la conduite de son véhicule.

Plus le conducteur roule à une vitesse élevée, plus il lui faut bouger les yeux rapidement pour compenser la perte de vision périphérique. Le balayage visuel permet de déceler rapidement les situations à risque ou les mauvaises conditions routières dont voici quelques exemples : un animal qui traverse la rue, les nids-de-poule, une chaussée en mauvais état, les mares d'eau, etc. Pour avoir une vue d'ensemble de ce qui l'entoure, il doit aussi vérifier les côtés de la route et observer les piétons qui circulent sur les trottoirs.

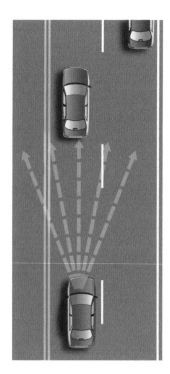

Prenez l'habitude de bouger les yeux. Cela aide à rester attentif à ce qui se passe sur la route.

REGARDER HAUT ET LOIN

Selon une règle de base de la conduite, tout véhicule se dirige de manière inévitable là où le conducteur fixe son regard. Pour maintenir son véhicule en ligne droite et repérer plus facilement les mouvements de la circulation au-delà du véhicule qui le précède, le conducteur doit donc regarder haut et loin vers l'horizon. Cela est particulièrement important lorsque les mouvements de la circulation sont plus difficiles à prévoir. C'est le cas lorsque le conducteur circule sur une route étroite bordée d'obstacles et de véhicules stationnés ou sur une chaussée à plusieurs voies où il y a beaucoup de circulation.

Le conducteur doit aussi se méfier des obstacles comme des arbres ou un camion qui peuvent nuire à la vue. Il est préférable de réduire sa vitesse pour se donner le temps et la distance nécessaires pour réagir en cas d'imprévus.

Pour regarder loin, il suffit de choisir un point de repère éloigné devant soi. Sur une autoroute, ce sera le haut d'une pente, un pont ou un virage.

À l'approche d'une courbe

Sur l'illustration ci-dessous, à l'approche d'une courbe, le conducteur doit regarder vers le centre de la courbe (point A). Une fois engagé dans la courbe, il déplace son regard vers le point le plus éloigné de cette courbe (point B).

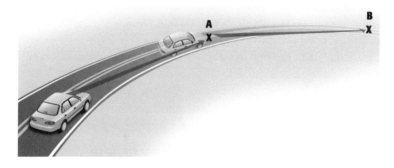

ÉLARGIR SON CHAMP DE VISION

Pour élargir son champ de vision, le conducteur doit souvent vérifier ce qui se passe autant à l'avant, à l'arrière que sur les côtés de son véhicule, sans oublier le bord de la route. Porter une attention particulière au conducteur ou au cycliste qui tente de s'insérer dans la circulation est aussi très important.

 Au fur et à mesure que vous accélérez, votre champ visuel se rétrécit de 20° à chaque 15 km/h d'augmentation de la vitesse. Vous disposez donc de moins de temps pour percevoir les dangers.

À l'approche d'une intersection

À l'approche d'une intersection, il faut balayer du regard les bords de la chaussée, car il peut s'y trouver des piétons ou des cyclistes qui veulent traverser.

En zone urbaine

En zone urbaine, la façon d'observer est la même que pour conduire sur les routes à deux voies et plus. Le regard doit d'abord être porté au loin et ramené jusqu'à devant le véhicule, mais aussi de gauche à droite pour obtenir de l'information sur l'ensemble de l'environnement. Le conducteur doit porter attention :

• à l'état de la circulation ;

• aux feux de circulation et à leur synchronisation ;

• aux travaux sur la route ;

• à tout ce qui peut obstruer la circulation ;

• aux véhicules devant lui qui ralentissent, changent de voie, tournent à une intersection ou s'immobilisent.

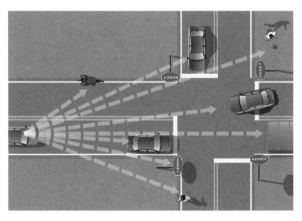

En avant et sur les côtés

Le champ visuel englobe la vision centrale et la vision périphérique. La vision centrale permet de distinguer les détails et les couleurs. La vision périphérique permet de repérer les mouvements, les formes et les masses.

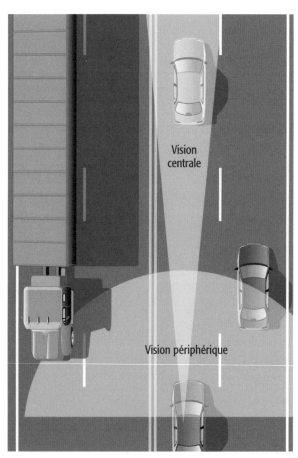

La vision périphérique peut atteindre 180°. Elle joue le rôle d'un radar qui scrute ce qui l'entoure et attire l'attention du conducteur sur ce qu'il a repéré. Les images envoyées au cerveau sont ensuite traitées et permettent de juger des distances et d'évaluer la vitesse du véhicule.

Le conducteur qui a acquis l'habileté de balayer du regard son environnement doit apprendre à utiliser sa vision de façon sélective, car il est rapidement inondé d'information. Il doit s'intéresser à ce qui est important pour la conduite. Ainsi, il repère de façon plus particulière :

- les véhicules ;

- les obstacles ;

- les types d'intersection ;

- le tracé de la route ;

- les panneaux de signalisation routière ;

- les conditions routières ;

- le comportement des autres usagers de la route.

La lecture fournie par la vision centrale et périphérique donne au conducteur plus de temps pour réagir.

Porter attention à certains indices permet de mieux anticiper les manœuvres des autres conducteurs et ainsi de prendre les moyens d'éviter qu'une situation s'aggrave.

En arrière

En plus de regarder à l'avant et sur les côtés, le conducteur doit vérifier régulièrement ce qui se passe derrière son véhicule à l'aide des rétroviseurs.

Les rétroviseurs

Les rétroviseurs sont les seuls accessoires qui permettent de voir ce qui se passe derrière le véhicule. Pour obtenir une vision maximale, le conducteur doit les ajuster avant le départ en tenant compte de la position qu'il adoptera pendant la conduite.

La circulation change vite. Il faut donc regarder souvent et régulièrement dans les rétroviseurs, par exemple aux 10 à 12 secondes. Cela doit se faire même lorsque le conducteur circule en ligne droite et surtout avant de :

- ralentir ;

- s'immobiliser ;

- changer de voie ;

- tourner à une intersection ;

- s'insérer dans la circulation ;

- sortir de la circulation.

Cela doit aussi se faire pendant l'immobilisation aux arrêts.

Évitez d'utiliser le rétroviseur de droite pour évaluer la distance entre votre véhicule et celui qui suit. Il donne l'illusion que ce qui est derrière est plus loin qu'en réalité.

Les angles morts

Le rétroviseur intérieur jumelé à celui de gauche ou de droite fournit seulement une vision partielle de l'environnement. Malgré un ajustement adéquat de ces rétroviseurs, certaines zones situées de chaque côté et à l'arrière du véhicule restent invisibles pour le conducteur. Ces zones, qui ne sont pas perçues par le champ de vision ni par les rétroviseurs, sont appelées angles morts. Quand un conducteur change de voie ou effectue un virage, il doit leur porter une attention toute spéciale, car les risques de collision sont plus élevés dans ces zones.

Ajuster les rétroviseurs permet de réduire les angles morts, mais ne peut pas les éliminer complètement. Seule une vérification dans l'angle mort concerné permet d'obtenir la vision totale requise pour effectuer un changement de voie ou un virage.

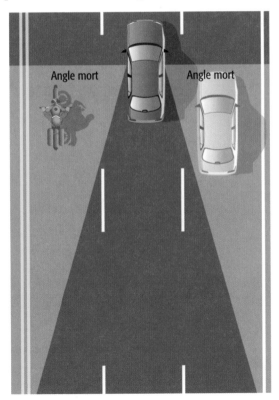

La vérification des angles morts s'effectue en maintenant la vitesse du véhicule, c'est-à-dire sans freinage et sans accélération. Elle doit se faire chaque fois que le conducteur se prépare à changer de trajectoire ou qu'il y a risque de collision. Par exemple, avant de :

- s'insérer dans la circulation ;
- sortir de la circulation ;
- changer de voie ;
- tourner à une intersection ;
- faire marche arrière ;
- quitter un espace de stationnement.

Pour vérifier un angle mort, le conducteur doit tourner rapidement la tête du côté où il veut changer sa trajectoire, de manière à regarder par-dessus son épaule, sans bouger le corps. Cette vérification permet de s'assurer qu'aucun véhicule, cycliste ou piéton ne se trouve dans l'angle mort. Ce coup d'œil rapide est un complément essentiel à la vérification des rétroviseurs. Il a pour but d'obtenir une vision complète avant de modifier la trajectoire d'un véhicule. Il doit être très rapide pour que le conducteur ne perde pas de vue ce qui se passe à l'avant du véhicule.

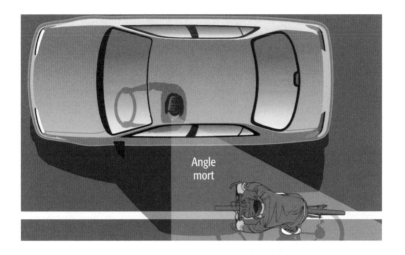

 Évitez de circuler trop longtemps dans l'angle mort d'un autre usager de la route pour ne pas être surpris par une manœuvre brusque de sa part.

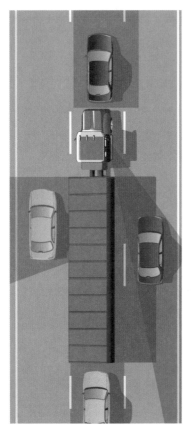

À cause de leurs dimensions imposantes, les véhicules lourds ont des zones supplémentaires d'angles morts à l'avant et à l'arrière. Pour prévenir toute situation dangereuse, il faut éviter de se trouver dans l'un des angles morts d'un véhicule lourd.

Pour bien évaluer la situation et avoir la meilleure réaction, vous devez capter le plus d'information possible.

OBSERVER–**ÉVALUER**–AGIR

▓ ÉVALUER LE RISQUE RÉEL OU POTENTIEL

Vigilance, attention et repérage sont indispensables pour conduire de façon compétente et sécuritaire. Cela exige une habileté à déceler tout ce qui peut constituer un risque ou un danger pour le conducteur ou un autre usager de la route, par exemple, la réaction d'un cycliste.

> **SAVIEZ-VOUS QUE...?**
>
> *L'inattention et le manque d'expérience ne font pas bon ménage.*

Pour évaluer les mesures à envisager, le conducteur doit tenir compte de :

• sa vitesse ;

• la distance qui le sépare des autres véhicules ;

• la possibilité de changer de voie ;

• la possibilité de dépasser ;

• la possibilité de freiner dans des conditions normales ;

• la possibilité d'accélérer.

En évaluant le risque, le conducteur doit aussi tenir compte de la réaction des autres usagers de la route, surtout celle des piétons ou des cyclistes.

Un conducteur qui fait face à plusieurs dangers à la fois doit faire son choix en évaluant le degré de risque et la gravité de chacun. Par exemple, choisir entre un enfant qui traverse devant son véhicule et un «nid-de-poule».

Pour bien estimer le degré du risque et la gravité du danger, le conducteur doit prendre en considération:

- le risque de collision avec un autre véhicule ou un autre usager de la route;

- le risque de blessure pour lui-même ou pour un autre usager de la route;

- le risque de dommages matériels pour le véhicule ou pour la propriété publique.

En cas de risque de collision, il faut être conscient que la gravité d'un danger varie selon l'endroit où l'impact peut se produire sur le véhicule. Il faut alors choisir les objets les moins résistants. Sinon, il faut tenter que l'impact se fasse selon un angle susceptible de dévier le véhicule plutôt que de l'entraîner contre un objet résistant.

Par exemple, au moment d'une collision, lorsque l'impact se fait sur la portière du côté du conducteur plutôt que sur l'aile arrière, les possibilités que le conducteur soit blessé sont plus élevées.

En résumé, devant un danger, le conducteur doit être en mesure de choisir les bonnes manœuvres à exécuter. Par exemple, klaxonner, ralentir, freiner d'urgence ou changer de voie. Il doit ensuite évaluer les conséquences de chaque choix pour déterminer la manœuvre la plus appropriée à la situation.

■ CHOISIR LA SOLUTION APPROPRIÉE

Lorsqu'il a bien évalué le risque, le conducteur choisit la solution qui lui semble la plus appropriée et la plus sécuritaire. Évaluer les conséquences d'une manœuvre est une étape importante pour décider.

Le conducteur exécute la manœuvre et, par la suite, évalue la justesse de sa décision. Son évaluation peut reposer, entre autres, sur les éléments suivants :

• prévoir le comportement des autres usagers de la route ;

• collaborer avec eux ;

• partager la route de façon sécuritaire ;

• prévoir les situations à risque.

Cette évaluation lui permet d'apprendre de ses expériences et d'ajuster sa conduite si une situation semblable se présente.

OBSERVER–ÉVALUER–**AGIR**

Agir, c'est passer à l'action en appliquant les solutions appropriées au bon moment. Cela demande du savoir-faire, c'est-à-dire des connaissances et des compétences techniques. Le temps de réaction et la coordination des gestes sont déterminants, peu importe la manœuvre à effectuer.

Des exercices d'apprentissage

Chapitre 2

DES EXERCICES PRATIQUES

Les exercices sur route doivent être exécutés seulement après avoir obtenu votre permis d'apprenti conducteur. Vous devez aussi être accompagné d'une personne qui est titulaire d'un permis de conduire une automobile depuis plus de deux ans.

1 **Sur votre parcours, déterminez le type de renseignements fournis par les éléments de signalisation routière (panneaux, feux, marques, etc.).**

Exercez votre habileté à déceler les indices de danger le plus tôt possible.

Au retour, dressez une liste des dangers que vous jugez avoir décelés trop tard. Indiquez, pour chacun, ce que vous auriez dû faire pour les repérer plus tôt. Vérifiez avec votre accompagnateur si votre décision était la plus sécuritaire par rapport aux techniques de conduite et aux habiletés que vous avez déjà acquises en pratiquant.

2 **Sur votre parcours, pratiquez votre habileté à maintenir la direction uniforme du véhicule au moment où vous regardez par-dessus votre épaule pour vérifier dans l'angle mort.**

DES EXERCICES THÉORIQUES

1 Questions à choix multiples

1. Quelle est la méthode d'exploration que tout conducteur doit nécessairement maîtriser ?

   a) Évaluer–Agir–Observer

   b) Observer–Agir–Évaluer

   c) Observer–Évaluer–Agir

2. Dans quelle mesure l'information que les yeux transmettent au conducteur s'avère-t-elle utile pour décider ?

   a) En grande partie

   b) À part égale avec ce que le conducteur entend

   c) Un peu

3. Que signifie la pratique d'une vision sélective en conduite automobile ?

   a) Retenir le plus d'information possible

   b) Retenir toute l'information utile à la conduite de son véhicule

   c) Voir tout ce qui se passe

2 Vrai ou faux

Indiquez par un X si les énoncés suivants sont vrais ou faux.

	Vrai	Faux
1. La vue est le seul sens sur lequel le conducteur peut compter pour observer son environnement.	☐	☐
2. Les angles morts ne sont pas visibles par le champ de vision, mais sont visibles par les rétroviseurs.	☐	☐
3. L'angle mort est un endroit sécuritaire pour circuler.	☐	☐

3 Vous êtes le conducteur du véhicule bleu.

Indiquez 6 dangers possibles.

4   **Dessinez un véhicule dans l'angle mort du véhicule bleu.**

CORRIGÉ DES EXERCICES D'APPRENTISSAGE

Exercices	Questions	Réponses	Références
1 Choix multiples	1	c)	p. 44
	2	a)	p. 44
	3	b)	p. 51
2 Vrai OU Faux	1	F	p. 44
	2	F	p. 53
	3	F	p. 55, 56
3 Question sur les dangers possibles		Cycliste dans l'angle mort du véhicule bleu	
		Piéton de droite	
		Feu de circulation de couleur jaune	
		Freins allumés sur le véhicule vert	p. 57, 58
		Feux de changement de direction actionnés sur l'autobus	
		Ambulance	
4 Question sur l'angle mort		Voir section sur les angles morts	p. 52-56

LA MAÎTRISE
DU VÉHICULE

Les techniques de conduite ne s'apprennent pas du jour au lendemain et demandent de la pratique. Leur maîtrise est indispensable, surtout lorsque la situation exige une réaction rapide.

L'univers est soumis aux lois de la physique et c'est aussi le cas pour la conduite d'un véhicule de promenade. Pour mieux comprendre ces lois, ce chapitre abordera quelques principes. Par la suite, diverses manœuvres de conduite seront décrites pour que le conducteur puisse circuler de façon sécuritaire.

LES LOIS DE LA PHYSIQUE

Pour garder le contrôle du véhicule, il est bon de comprendre les diverses lois de la physique. Même les cyclistes sont confrontés aux effets de ces lois. Par exemple, descendre une côte prononcée augmente la vitesse du vélo. Pour freiner dans cette côte, le cycliste devra manœuvrer en considérant une distance d'arrêt beaucoup plus longue que sur un terrain plat.

■ LA FRICTION

Pour déplacer un objet immobile, il faut qu'une force le fasse bouger. De même, pour arrêter un objet en mouvement, il faut qu'une force s'oppose à son mouvement. Il en est ainsi pour un véhicule automobile. Le moteur produit la force nécessaire pour donner le mouvement, tandis que les freins sont la force qui s'oppose au mouvement.

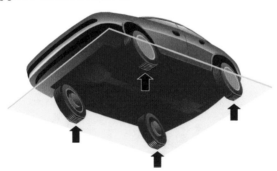

Il est donc important d'avoir des pneus en bon état qui offrent une bonne adhérence à la chaussée. Le conducteur doit aussi adapter sa conduite aux conditions des routes. Une bonne adhérence des pneus dépend de plusieurs facteurs :

- le type de chaussée : asphalte, béton, gravier, terre battue, etc. ;

- l'état de la chaussée : sèche, mouillée, enneigée, glacée, etc. ;

- le type de caoutchouc des pneus, leurs dimensions, leur pression et leur état ;

- la masse du véhicule.

Par exemple, à la même vitesse, un véhicule prendra une plus longue distance pour s'immobiliser sur une chaussée mouillée que sur une chaussée sèche. La distance d'arrêt sera encore plus longue sur une surface glacée.

▦ LA GRAVITÉ

La gravité est la force d'attraction que la Terre exerce sur les corps. C'est elle qui maintient le véhicule au sol. Elle cause aussi la perte de vitesse d'un véhicule qui monte une côte et son accélération au moment d'une descente.

En montée, la gravité tend à ralentir le véhicule.

En descente, la gravité tend à augmenter la vitesse du véhicule.

Le véhicule prend de la vitesse plus facilement lorsqu'il descend une pente. Pour que le véhicule n'atteigne pas une trop grande vitesse, il faut le ralentir en appuyant sur la pédale de frein par intermittence, c'est-à-dire par petits coups. Avant d'effectuer la descente, le conducteur peut aussi sélectionner un rapport de vitesses inférieur. Cela évitera de surchauffer les freins.

Avant de descendre une forte pente, ne mettez pas le levier de vitesses au point mort (position neutre). Sélectionnez plutôt un rapport de vitesses inférieur pour provoquer le ralentissement du véhicule par le moteur.

◼ L'INERTIE

L'inertie fait qu'un corps demeure immobile si aucune force ne l'oblige à bouger. Pour le mettre en mouvement, il faut lui appliquer une force, par exemple, le pousser ou le tirer.

Pour modifier le mouvement d'un objet, il faut appliquer une force qui s'exerce contre le mouvement initial. Par exemple, il faut appuyer sur les freins pour immobiliser un véhicule.

Un objet continuera en ligne droite si rien ne le force à modifier sa trajectoire. Ainsi, le véhicule sortira à l'extérieur de la courbe si le conducteur ne tourne pas le volant. Lorsque l'adhérence ou la friction est suffisante, le véhicule peut suivre la courbe.

■ LA FORCE CENTRIFUGE

La force centrifuge éloigne les objets attirés vers un point central. Elle pousse le véhicule vers l'extérieur d'une courbe. Pour que le véhicule suive la trajectoire de la courbe, il faut qu'une force combatte l'inertie.

Plus le conducteur circule vite dans une courbe, plus l'inertie et la force centrifuge sont grandes. L'état des pneus, le type de caoutchouc, les dimensions, la pression, la vitesse et les conditions routières jouent un rôle important dans les virages. Si l'adhérence des pneus est insuffisante, la force centrifuge peut faire déraper le véhicule en le faisant sortir à l'extérieur du virage.

La pluie, la glace noire, les feuilles mortes, le sable et même l'usure ou un gonflage inadéquat des pneus peuvent réduire leur adhérence sur la chaussée.

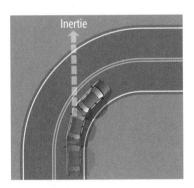 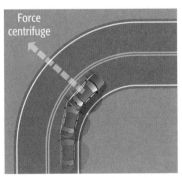

L'adhérence risque d'être insuffisante si le conducteur fait une manœuvre brusque, par exemple, une forte accélération, un freinage d'urgence, un virage trop prononcé ou une combinaison de ces manœuvres. Dans l'une ou l'autre de ces situations, le conducteur doit adapter sa conduite et faire appel à ses habiletés pour éviter de perdre la maîtrise de son véhicule.

■ L'ÉNERGIE CINÉTIQUE

Tout véhicule en mouvement accumule une quantité d'énergie selon sa masse et sa vitesse. Ainsi, l'énergie accumulée par un véhicule est deux fois plus grande que celle qui est accumulée par un véhicule dont la masse est deux fois plus petite. Si la vitesse est doublée, l'accumulation d'énergie est quatre fois plus grande et si elle est triplée, neuf fois plus grande.

Pour immobiliser le véhicule, l'énergie accumulée doit être transmise surtout aux freins. Avant même que les freins agissent pour transformer cette énergie en chaleur, d'autres facteurs interviennent et font ralentir le véhicule. Parmi ces facteurs, mentionnons le frottement des pièces en mouvement, la résistance de l'air et la friction des pneus avec le sol. Le simple fait de relâcher l'accélérateur provoque déjà un ralentissement.

Il ne faut pas oublier que l'augmentation de la masse (chargement) et de la vitesse, deux variables qui augmentent l'énergie cinétique du véhicule, a un effet direct sur la distance de freinage. Elle sera donc plus longue parce que les freins ont une capacité limitée de transformer l'énergie cinétique du véhicule en chaleur.

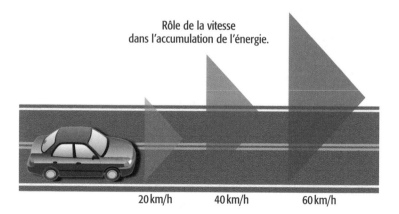

Rôle de la vitesse
dans l'accumulation de l'énergie.

20 km/h   40 km/h   60 km/h

■ LA FORCE D'IMPACT

En cas de collision, la force d'impact se transmet aux occupants du véhicule selon certains facteurs :

• la vitesse ;

• la masse du véhicule ;

• la distance et le temps disponibles pour que le véhicule ralentisse ou s'immobilise ;

• le type de construction du véhicule (type de châssis, zones d'absorption des chocs) ;

• les dispositifs de sécurité dans le véhicule, par exemple, les ceintures de sécurité ou les coussins gonflables.

Lorsqu'une collision paraît inévitable, le conducteur doit ralentir le plus possible pour réduire la force d'impact. Il est préférable d'éviter une collision frontale avec un autre véhicule qui vient en sens inverse. Il est important de se rappeler que la vitesse du véhicule s'additionne à celle de l'autre véhicule. Donc, si deux véhicules circulent à 50 km/h, la force d'impact sera équivalente à celle d'une collision avec un mur de béton à 100 km/h. Comme la vitesse est doublée, l'énergie cinétique et la force d'impact seront multipliées par quatre.

Au moment d'une collision, l'énergie cinétique accumulée doit être absorbée par la déformation du véhicule ou par les autres objets heurtés. Il faut donc diriger le véhicule vers un objet moins résistant, par exemple, une haie de cèdres, des arbustes ou même un banc de neige plutôt qu'un poteau. En cédant sous le choc, cet objet absorbe de l'énergie qui vient du véhicule. La quantité d'énergie résiduelle du véhicule, c'est-à-dire la quantité d'énergie qui restera accumulée, en sera diminuée. Les blessures aux occupants seront aussi diminuées.

Le conducteur qui ne peut pas empêcher ce genre de collision doit tenter d'éviter de frapper l'objet de plein fouet. Lorsque le contact se fait selon un angle, le véhicule peut alors ricocher.

Au moment d'une collision, la vitesse a une grande influence sur la violence des chocs. Circuler à 10 km/h de moins peut faire toute la différence.

- À **50 km/h**, le choc équivaut à une chute du haut d'un édifice de 3 étages.

- À **75 km/h**, le choc équivaut à une chute du haut d'un édifice de 7 étages.

- À **100 km/h**, le choc équivaut à une chute du haut d'un édifice de 12 étages.

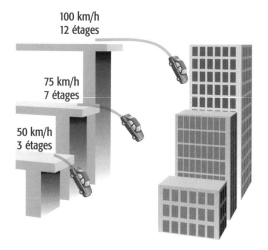

100 km/h
12 étages

75 km/h
7 étages

50 km/h
3 étages

Portez toujours votre ceinture de sécurité. En cas de collision, elle empêche les occupants du véhicule de heurter brutalement les parois de l'habitacle. Elle permet aussi de distribuer la force du choc sur des parties plus solides de votre corps, comme les hanches et les épaules.

CIRCULER DE FAÇON SÉCURITAIRE

■ MAÎTRISER LES MANŒUVRES DE BASE

Il faut maîtriser les manœuvres de base avant d'effectuer les plus compliquées.

> Le conducteur doit consulter le manuel du propriétaire pour connaître les caractéristiques du véhicule qu'il conduit.

Marchez vers votre véhicule en faisant face à la circulation lorsqu'il est stationné au bord de la route. Regardez toujours si des véhicules viennent vers vous avant d'ouvrir les portières.

Démarrer le moteur

Voici les étapes de démarrage du moteur :

- appuyer sur la pédale de frein ;

- s'assurer que le frein de stationnement est bien engagé ;

- vérifier si le levier de vitesses est bien à la position d'immobilisation (*P*) ;

- tourner la clé de contact à la position de marche (*On*) pour allumer tous les témoins lumineux et tous les indicateurs ;

- balayer du regard tous les indicateurs et tous les témoins lumineux, y compris le témoin de démarrage pour un véhicule muni d'un moteur diesel ;

- tourner la clé à la position de démarrage (*Start*) ;

- relâcher la clé dès que le moteur démarre.

Pour les étapes de démarrage avec une transmission manuelle, consulter l'annexe II de ce guide.

Si l'un des témoins de couleur rouge demeure allumé, coupez le contact et consultez un mécanicien pour faire corriger la défectuosité mécanique.

Il est normal que le témoin du frein de stationnement s'allume lorsque ce frein est engagé. Par contre, si le témoin reste allumé lorsque le frein de stationnement est désengagé, faites vérifier ce problème.

Si le démarrage est difficile, il ne faut pas trop insister pour éviter d'affaiblir la batterie. Il est recommandé de trouver la cause de cette difficulté mécanique ou de consulter un mécanicien.

Laisser tourner le moteur longtemps, lorsque le véhicule est arrêté, cause de la pollution. Un moteur qui fonctionne trop souvent au ralenti peut s'user plus vite. Comme il tourne en dessous de sa température normale de fonctionnement, c'est-à-dire à la température à laquelle il est le plus efficace, la combustion de l'essence est incomplète. Certains résidus d'essence redeviennent liquides et se collent aux parois des cylindres, ce qui peut occasionner des frais d'entretien plus élevés à long terme.

Il faut se rappeler que le moteur se réchauffe beaucoup plus vite lorsque le véhicule roule.

Se préparer à la mise en mouvement

Les étapes de mise en mouvement d'un véhicule sont à peu près les mêmes avec une transmission automatique ou manuelle. Le conducteur doit d'abord allumer les phares et mettre en marche le ventilateur. Ensuite, il doit :

• appuyer sur la pédale de frein ;

• pour une transmission automatique, placer le levier de vitesses à la position de conduite (*D*) pour avancer ou de marche arrière (*R*) pour reculer ;

• pour une transmission manuelle, enfoncer la pédale d'embrayage et placer le levier de vitesses au premier rapport ou en marche arrière ;

• désengager le frein de stationnement tout en maintenant une pression ferme sur la pédale de frein.

Maîtriser le volant

Le volant sert à contrôler la direction du véhicule. Bien le maîtriser est un élément de base de la conduite automobile. Pour le tenir fermement et effectuer les manœuvres rapidement lorsque la situation l'exige, le conducteur doit garder une certaine distance entre ses mains. En comparant avec les aiguilles d'une montre, il devrait placer sa main gauche à 10 h et sa main droite à 2 h sur le volant. La position 9 h pour la main gauche et 3 h pour la main droite est aussi bonne.

Conduire en ligne droite

Regarder loin devant et garder les mains sur le volant permettent au conducteur de maintenir une trajectoire en ligne droite. Il doit être attentif et s'habituer à ajuster la trajectoire du véhicule. Le débutant doit être très prudent et éviter de trop tourner le volant. Il doit changer de direction en douceur.

Prendre les virages

Pour mieux évaluer l'orientation des roues, le conducteur doit tourner le volant seulement lorsque le véhicule est en mouvement.

Si le conducteur doit tourner le volant de plus d'un demi-tour, la meilleure méthode est celle du croisement des mains ou braquage. Pour un virage à droite, il faut procéder de la façon suivante :

- les deux mains tournent le volant vers la droite ;

- la main droite lâche prise à la position 4 h et croise l'avant-bras gauche pour reprendre le volant à la position 10 h et poursuivre la rotation vers la droite ;

- ce mouvement de croisement se poursuit jusqu'à ce que le véhicule soit dans la direction voulue.

Pour prendre un virage serré, le conducteur peut exécuter cette manœuvre plusieurs fois.

Il existe deux méthodes pour faire revenir le véhicule en ligne droite. La première est le braquage inversé, c'est-à-dire la méthode du croisement des mains expliquée dans la section précédente. Cette méthode convient bien lorsque le conducteur circule à très basse vitesse, par exemple, pour stationner son véhicule.

La seconde consiste à laisser glisser le volant entre les mains, tout en accélérant un peu pour faciliter son retour. Cette méthode peut exiger une légère correction de la trajectoire pour retrouver la ligne droite. Il vaut mieux éviter de l'utiliser lorsque les conditions de la chaussée ou des obstacles demandent une manœuvre précise.

Vous devez être prêt en tout temps à intervenir sur le volant. Pour contrôler la vitesse de retour du volant, ne le lâchez jamais complètement lorsque vous le laissez glisser dans vos mains.

Ralentir en vue d'une immobilisation

Pour ralentir la vitesse du véhicule de façon sécuritaire et en douceur, le conducteur doit prendre certaines précautions :

- **regarder dans les rétroviseurs :** cela permet de vérifier l'état de la circulation à l'arrière du véhicule ;

- **relâcher l'accélérateur :** cela réduit un peu la vitesse ;

- **freiner :** le conducteur doit réduire sa vitesse de manière graduelle et le prévoir assez à l'avance. Il doit éviter de surprendre le conducteur du véhicule qui le suit en freinant de manière brusque. Tarder à ralentir peut entraîner un freinage brusque ou une collision avec le véhicule qui est devant.

Manipuler le levier de vitesses d'un véhicule à transmission automatique

Il est conseillé de consulter le manuel du propriétaire pour bien connaître la façon de manipuler le levier de vitesses du véhicule.

Le déplacement du levier de vitesses situé **sur la colonne de direction** se fait de haut en bas ou de bas en haut, selon le rapport de vitesses désiré. Dans le cas où le levier de vitesses est verrouillé sur certaines positions, il faut d'abord le déverrouiller en le tirant vers soi pour passer à la position voulue.

Le déplacement du levier de vitesses situé **au plancher** se fait en le poussant vers l'avant ou en le ramenant vers l'arrière, selon le rapport de vitesses désiré. Pour déverrouiller ce type de levier sur la plupart des véhicules, il suffit d'appuyer sur un bouton poussoir.

Vous trouverez en annexe II une section traitant du changement de rapport de vitesses d'un véhicule à transmission manuelle.

Pour éviter d'endommager la transmission, il est important de bien immobiliser votre véhicule avant de le faire passer du point mort (position neutre *N*) à la marche arrière (*R*) ou de la marche arrière (*R*) à l'immobilisation (*P*).

La marche arrière

En marche arrière, le conducteur dispose de moins bonnes conditions d'exploration visuelle. Il doit manipuler le volant tout en modifiant sa position assise pour rechercher une meilleure visibilité afin de déplacer son véhicule.

SAVIEZ-VOUS QUE...?

Le Code de la sécurité routière n'oblige pas le conducteur à porter la ceinture de sécurité pendant la manœuvre de marche arrière.

Étapes pour la marche arrière avec virage :

• actionner les feux de changement de direction du côté du virage ;

• appuyer sur la pédale de frein ;

• désengager le frein de stationnement, s'il y a lieu ;

• s'assurer que la voie est libre en effectuant un balayage visuel à l'avant, sur les côtés et à l'arrière du véhicule ;

• tourner la tête et le corps vers l'arrière du côté de la manœuvre ;

- contrôler sans cesse la vitesse;
- tourner le volant, selon le besoin, dans la direction voulue;
- diriger le véhicule en regardant par la lunette arrière;
- jeter de fréquents et rapides coups d'œil à l'avant, sur les côtés et à l'arrière du véhicule pour s'assurer que la voie est toujours libre;
- se placer de façon convenable dans l'espace choisi.

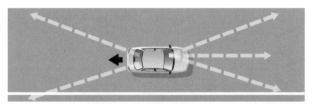

▓ STATIONNER

Avant tout, le conducteur doit s'assurer que le stationnement est permis. Il existe plusieurs façons de stationner le véhicule :

• à angle de 45 degrés ;

• à angle de 90 degrés ;

• en file.

S'engager dans un espace de stationnement

Stationner en marche arrière permet d'avoir une bonne visibilité au moment de quitter l'espace de stationnement et diminue les risques d'accident.

Quitter un espace de stationnement

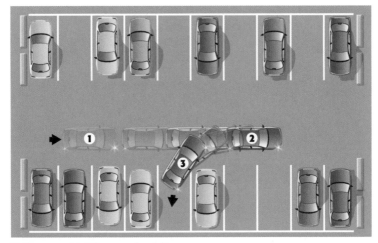

Stationnement à 90° en marche arrière

Stationnement dans une côte

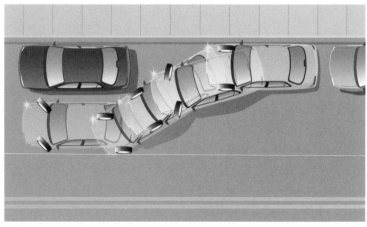

Stationnement en file en marche arrière

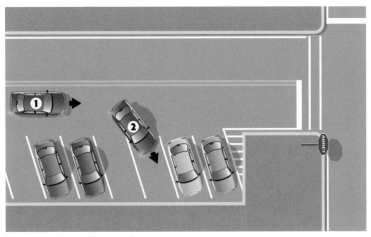

Stationnement à 45° en marche avant

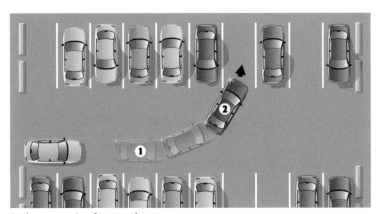

Stationnement à 90° en marche avant

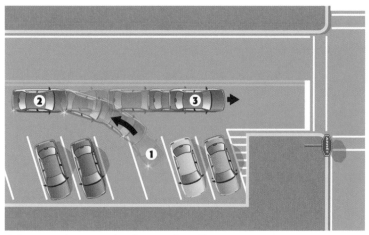

Quitter un stationnement à 45° en marche arrière

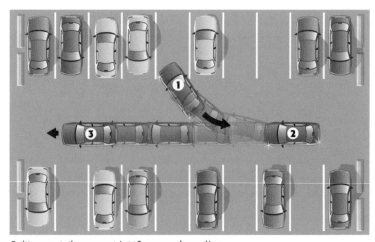

Quitter un stationnement à 90° en marche arrière

■ SE DÉPLACER

Entrer sur un chemin public

Avant d'entrer sur un chemin public, le conducteur doit prendre les mesures de sécurité nécessaires. Tout d'abord, il allume les phares et, au besoin, actionne les essuie-glaces ou le dégivreur.

Avant de faire rouler le véhicule, il applique ensuite les mesures de sécurité suivantes :

- actionner les feux de changement de direction du côté où il souhaite diriger son véhicule ;

- vérifier dans le rétroviseur et dans l'angle mort du côté où il dirigera le véhicule ;

- regarder à gauche, à droite et de nouveau à gauche.

Le conducteur doit toujours tenir compte de l'état de la circulation, des limites de vitesse et de sa capacité à s'insérer dans la circulation. Si la voie est libre sur une distance suffisante, il peut s'engager, sinon, il doit patienter.

Dans une entrée privée, stationnez en marche arrière pour repartir en marche avant. Vous pourrez ainsi mieux voir si un enfant, un jouet ou un autre objet est dans la trajectoire de votre véhicule sans avoir à en faire le tour.

Conduire en ligne droite

Pour conduire en ligne droite et s'assurer de la stabilité de son véhicule, le conducteur doit :

- regarder **loin devant lui** afin de garder le véhicule à l'intérieur de sa voie ;

- veiller à ne pas chevaucher la limite gauche ou la limite droite de sa voie ;

- éviter de circuler sur les lignes des voies ou sur l'accotement.

Lorsque le conducteur doit remettre le véhicule dans sa trajectoire, il le fait en douceur, surtout s'il circule à grande vitesse. Même sur un parcours en ligne droite, il devra corriger sa trajectoire, en raison :

- de vents latéraux, c'est-à-dire de vents de côté ;

- de l'état ou de l'inclinaison de la chaussée ;

- d'ornières, c'est-à-dire de traces profondes causées par le passage des roues sur la chaussée ;

- d'un déplacement d'air occasionné par un véhicule lourd qui vient en sens inverse ou au moment d'un dépassement ;

- de pneus pas assez gonflés ;

- d'un mauvais alignement des roues.

Dans des conditions normales, s'il vous arrive de corriger souvent votre trajectoire, c'est peut-être parce que vous ne regardez pas assez loin devant vous.

Négocier une courbe

Le conducteur qui approche d'une courbe doit savoir évaluer à quelle vitesse la négocier. Pour choisir sa vitesse, il tient compte de certains facteurs :

- son champ de vision ;

- la vitesse recommandée ;

- le rayon, c'est-à-dire la profondeur de la courbe ;

- l'inclinaison de la chaussée ;

- l'état de la chaussée ;

- les conditions météorologiques.

Certaines courbes sont plus prononcées que d'autres. Les franchir à une vitesse trop élevée augmente le risque de perdre la maîtrise du véhicule.

Le conducteur doit sans cesse regarder le plus loin possible dans la courbe pour voir les obstacles à temps. Pour négocier facilement une courbe, il doit :

- ralentir avant le début de la courbe lorsqu'il circule en ligne droite ;

- regarder loin en avant dans la direction de la courbe ;

- tourner le volant à l'entrée de la courbe pour diriger le véhicule vers l'intérieur de la courbe en restant dans sa voie, sans toucher les limites de la courbe ni l'accotement ;

- maintenir sa vitesse une fois engagé dans la courbe ;

- accélérer de façon progressive à la sortie de la courbe.

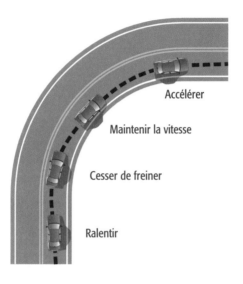

À cause du risque de collision avec les véhicules qui viennent en sens inverse, il faut éviter de se tenir trop près de la ligne médiane (du milieu de la route) pendant la manœuvre de négociation de la courbe. Il faut aussi prêter attention aux autres véhicules.

 Corrigez votre trajectoire en douceur pour éviter une perte de contrôle.

Vous trouverez en annexe V une section traitant de la conduite d'un véhicule utilitaire sport.

Sortir de la circulation

Avant de faire cette manœuvre, le conducteur doit :

• planifier l'endroit où il est préférable de sortir de la circulation ;

• se placer dans la voie de droite lorsque la chaussée
a plus d'une voie de circulation ;

• actionner les feux de changement de direction assez tôt
pour éviter au véhicule qui suit d'avoir à ralentir trop vite ;

• regarder dans les rétroviseurs et dans l'angle mort du côté
où il va quitter la chaussée pour éviter, par exemple,
de bloquer le passage à un cycliste ;

• vérifier la circulation à l'arrière du véhicule. Cette étape est
importante, surtout sur les routes où la vitesse est élevée ;

• être attentif et, si cela est nécessaire, appuyer sur la pédale
de frein de temps en temps pour attirer l'attention des
conducteurs qui le suivent ;

• regarder à nouveau dans les rétroviseurs et dans l'angle
mort juste avant de compléter la manœuvre ;

• se ranger au bord de la route et effectuer le virage ;

• être attentif aux mouvements des autres véhicules ;

• arrêter les feux de changement de direction, s'il y a lieu.

Lorsqu'un conducteur entre sur un terrain de stationnement,
il doit aussi être attentif aux mouvements des véhicules et des
autres usagers de la route.

Se préparer à quitter le véhicule

Une fois le véhicule immobilisé de façon sécuritaire,
le conducteur doit s'assurer :

- d'engager le frein de stationnement tout en maintenant
le pied droit sur la pédale de frein ;

- de mettre le levier de la transmission à la position
d'immobilisation (P) tout en maintenant le pied sur
la pédale de frein.

Après cela, le conducteur peut alors couper le contact.
Aussi, avant de quitter le véhicule, il doit prendre l'habitude
de procéder à quelques vérifications :

- s'assurer que les phares sont éteints pour éviter que
la batterie soit déchargée à son retour ;

- jeter un coup d'œil dans les rétroviseurs et dans l'angle mort,
pour s'assurer qu'il n'y a pas d'autre véhicule ni de vélo
près du véhicule ;

- ouvrir la portière seulement après s'être assuré
qu'il n'y a plus de danger. Cette vérification doit aussi
être faite par les passagers ;

- s'assurer que la clé du véhicule n'est pas restée à l'intérieur ;

- verrouiller toutes les portières.

Enfin, il est conseillé de quitter le véhicule en faisant face
à la circulation.

▓ FRANCHIR UNE INTERSECTION

Le conducteur qui franchit une intersection doit être attentif aux risques de collision, qui sont plus élevés. Une attention particulière doit être portée aux cyclistes et aux piétons.

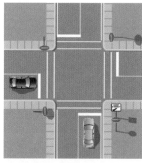

S'immobiliser à une intersection

Lorsque le conducteur immobilise son véhicule, il doit respecter le lieu d'arrêt et laisser l'intersection libre. Il doit maintenir une distance suffisante avec le véhicule devant lui de façon à voir complètement ses roues arrière.

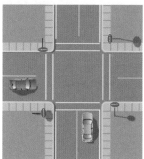

Pour un arrêt complet et en douceur du véhicule, le conducteur doit :

• vérifier l'état de la circulation à l'avant et à l'arrière ;

• freiner avec une pression régulière pour le confort des passagers ;

• s'immobiliser et maintenir le pied sur la pédale de frein.

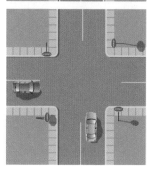

Accélérez en douceur et ralentissez de façon graduelle aux feux de circulation au lieu d'accélérer brusquement et de freiner à la dernière seconde. Cela permet de bien s'ajuster à la circulation, mais aussi de consommer moins d'essence.

Traverser à une intersection

Avant de s'engager dans une intersection, le conducteur doit procéder aux vérifications visuelles apprises plus tôt et s'assurer que son véhicule a assez d'espace pour la traverser et la quitter complètement. Comme les intersections sont des endroits où les risques de collision sont élevés, le conducteur doit veiller à respecter les priorités de passage prévues par le *Code de la sécurité routière*.

> **Consultez le chapitre sur les règles de la circulation du *Guide de la route*. Il présente des illustrations pour plusieurs types de virages à des intersections.**

Pour franchir une intersection de façon sécuritaire, le conducteur doit regarder à gauche, à droite et de nouveau à gauche. Il peut arriver qu'il ne lui soit pas possible de bien vérifier la présence d'autres usagers de la route. Dans ce cas, il peut avancer lentement jusqu'à ce qu'il soit capable de bien vérifier. Il doit alors regarder à gauche, à droite et de nouveau à gauche.

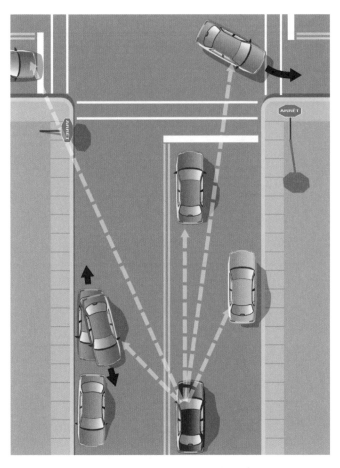

Si le conducteur n'a pas pu traverser l'intersection tout de suite après avoir fait les vérifications visuelles, il doit attendre que la priorité de passage lui revienne et que la voie soit libre. Par la suite, il doit vérifier à gauche, à droite et de nouveau à gauche et franchir l'intersection en accélérant de manière progressive.

Effectuer un virage à une intersection

Lorsque le conducteur doit effectuer un virage à une intersection, il doit surtout être attentif aux piétons et aux cyclistes. Il doit accorder une attention spéciale à la partie de l'intersection où il désire s'engager, sans négliger l'ensemble de la situation.

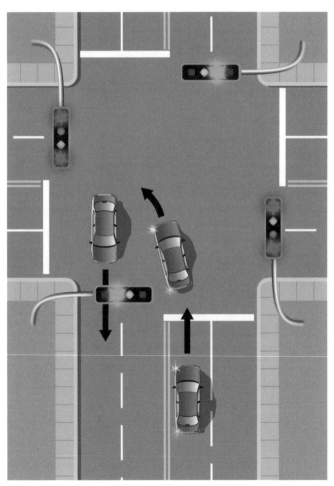

Les étapes du virage à une intersection :

• repérer l'endroit du virage et s'assurer que la manœuvre
  est permise et sécuritaire ;

• se placer dans la voie réservée au virage avant de tourner :
  - pour un virage à droite, dans la voie d'extrême droite ;
  - pour un virage à gauche, dans la voie la plus proche
    de la ligne médiane (du milieu) ;

• surveiller la circulation venant de gauche,
  de devant et de droite ;

• vérifier dans le rétroviseur approprié et jeter un coup d'œil
  dans l'angle mort du côté du virage ;

• actionner les feux de changement de direction
  à l'avance et avant de ralentir ;

• ralentir avant le virage, si cela est nécessaire ;

• vérifier si la manœuvre est toujours possible et sécuritaire ;

• vérifier l'angle mort, si cela est nécessaire ;

• vérifier à gauche et à droite si la voie est libre
  et sécuritaire avant de s'engager dans l'intersection ;

• vérifier à l'avant avant de s'engager. Cette étape est
  importante au moment de tourner à gauche, car d'autres
  véhicules en virage inverse peuvent bloquer la vision ;

• se placer dans la voie correspondante après le virage
  sans empiéter sur la bordure, le trottoir ou l'accotement ;

• accélérer progressivement à la sortie du virage.

Effectuer un virage en double

Le virage en double est autorisé uniquement si une signalisation le permet. Pour effectuer un virage en double, le conducteur doit :

• se placer dans la voie qui permet le virage ;

• conserver la même voie en tournant ;

• se placer dans la voie correspondante sur l'autre chaussée.

■ S'ADAPTER À LA CIRCULATION

Pour s'adapter à la circulation, le conducteur doit d'abord observer son environnement et évaluer ce qu'il peut faire.

Changer de voie

Avant de changer de voie, le conducteur doit s'assurer que cette manœuvre est légale, sécuritaire et respecte la priorité des autres usagers de la route. Avant de choisir une voie, il doit tenir compte des facteurs suivants :

• le type de chaussée ;

• l'état de la circulation ;

• sa vitesse et celle des autres véhicules ;

• son parcours ;

• les autres virages possibles ;

• les conditions météorologiques.

Ensuite, le conducteur doit :

• vérifier dans les rétroviseurs ;

• vérifier dans l'angle mort approprié ;

- actionner les feux de changement de direction appropriés ;

- vérifier à nouveau dans les rétroviseurs pour s'assurer que la manœuvre est toujours possible et sécuritaire ;

- vérifier à nouveau l'angle mort pour s'assurer qu'il n'y a aucun autre véhicule sur la voie choisie ;

- maintenir sa vitesse et s'engager dans l'autre voie ;

- changer de voie lentement pour conserver la maîtrise du véhicule ;

- adapter sa vitesse à l'état de la circulation dans la voie où il s'engage ;

- arrêter les feux de changement de direction une fois la manœuvre complétée.

Il est important de planifier ses changements de voie. Par exemple, sur une route à deux sens et à trois voies ou plus dans la même direction, il est interdit de traverser deux voies en même temps. Si le conducteur doit faire plus d'un changement de voie, il

> **SAVIEZ-VOUS QUE...?**
>
> *Effectuer plusieurs dépassements en zigzagant constitue une infraction qui entraîne des points d'inaptitude et une amende.*

doit le faire par étapes. Il doit d'abord circuler en ligne droite dans la nouvelle voie avant de changer de nouveau de voie. Ensuite, il doit arrêter les feux de changement de direction, circuler de nouveau en ligne droite et actionner de nouveau les feux de changement de direction.

Les vérifications qu'exige cette manœuvre ne doivent pas diminuer l'attention visuelle que le conducteur doit porter à l'avant du véhicule, surtout à l'approche d'intersections.

Faire demi-tour

Faire demi-tour consiste à changer de direction pour revenir en sens opposé. Un panneau de signalisation indique les endroits où cette manœuvre est interdite. Pour rebrousser chemin en ville, il faut faire le tour d'un quadrilatère, par exemple, un pâté de maisons. En banlieue ou à la campagne, il vaut mieux continuer sa route et trouver un endroit où le virage pourra être effectué de façon sécuritaire, par exemple, une entrée privée.

Dépasser

Avant de dépasser, le conducteur doit porter attention aux panneaux de signalisation et aux marques sur la chaussée. De plus, il doit s'assurer que son dépassement est nécessaire, légal et qu'il peut se faire dans le respect des limites maximales de vitesse.

> Vous trouverez dans le *Guide de la route* les règles à respecter pour dépasser.

Une fois toutes les conditions respectées, le conducteur doit regarder loin à l'avant pour s'assurer d'avoir l'espace et le temps nécessaires pour dépasser en toute sécurité. Il doit demeurer le moins de temps possible dans la voie de dépassement.

La première partie du dépassement s'effectue comme le changement de voie expliqué plus tôt dans cette section.

Changement de voie   Réintégration de la voie

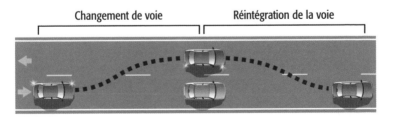

La deuxième partie du dépassement consiste à reprendre sa voie. Le conducteur se prépare à cette manœuvre lorsqu'il est à la hauteur du véhicule dépassé. Il doit alors :

- regarder le véhicule à dépasser pour s'assurer qu'il reste dans sa voie ;

- vérifier l'angle mort de droite et dans le rétroviseur intérieur et s'assurer d'avoir une distance suffisante avant de réintégrer la voie ;

- actionner les feux de changement de direction de droite ;

- jeter de nouveau un coup d'œil dans le rétroviseur de droite et dans l'angle mort de droite pour s'assurer que la situation n'a pas changé ;

- se déplacer dans la voie de droite lorsque les roues avant du véhicule dépassé sont visibles dans le rétroviseur intérieur ;

- arrêter les feux de changement de direction.

Sur une autoroute

Le dépassement peut paraître plus facile sur une autoroute en raison du nombre de voies à sens unique. Il faut toutefois rester attentif. À cause de la vitesse élevée, le conducteur qui désire dépasser doit porter une attention particulière :

- à la hauteur d'une entrée ou d'une sortie ;

- dans une courbe ;

- sur les viaducs et les ponts où les accotements sont réduits ;

- à la voie de gauche lorsqu'elle est glacée ou enneigée.

Une fois le véhicule dépassé, le conducteur doit réintégrer la voie de droite parce que la voie de gauche est réservée au dépassement.

En général, le dépassement est une manœuvre dangereuse. Vous devez savoir OBSERVER pour mieux AGIR.

Être dépassé

Le conducteur qui se fait dépasser doit collaborer le plus possible avec le conducteur qui le dépasse et circuler à une vitesse normale, au centre de sa voie.

SAVIEZ-VOUS QUE...?

Accélérer lorsqu'un autre véhicule vous dépasse constitue une infraction qui entraîne des points d'inaptitude et une amende.

En cas de risque d'accident avec un véhicule qui vient en sens inverse, le conducteur doit savoir évaluer rapidement la situation. De plus, il doit adapter sa réaction dans les deux situations suivantes :

- lorsque le conducteur du véhicule qui dépasse accélère pour vite retourner dans la voie de droite, il faut ralentir ;

- lorsque le conducteur du véhicule qui dépasse cesse la manœuvre de dépassement, jugeant qu'il serait plus risqué de continuer que de ralentir, il est préférable d'accélérer un peu. Une accélération en toute sécurité est justifiée puisqu'elle permet à l'autre conducteur de retourner dans la voie de droite et d'éviter une collision.

Entrer sur une autoroute

Pour entrer sur une autoroute, il faut emprunter une bretelle d'accès. C'est le lien qui permet de quitter une route pour accéder à l'autoroute.

Cette bretelle d'accès donne sur une voie d'accélération qui permet au conducteur d'accélérer pour ajuster sa vitesse à celle des autres véhicules qui circulent sur la voie où il s'engage. Il est essentiel que le conducteur accorde la priorité aux automobilistes qui circulent déjà sur l'autoroute.

Dès que le conducteur se trouve sur la bretelle d'accès, il doit évaluer l'état de la circulation dans la voie d'accélération et sur l'autoroute.

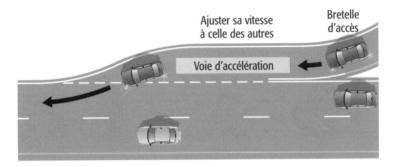

Les étapes pour entrer sur une autoroute :

- évaluer la vitesse des véhicules qui circulent sur l'autoroute et s'ajuster à la circulation ;

- se tenir au centre de la voie pour être le plus visible possible ;

- **porter son attention** à la fois à l'avant du véhicule, aux rétroviseurs et à l'angle mort ;

- actionner les feux de changement de direction de gauche avant la fin de la bretelle d'accès ;

- repérer une place disponible sur la voie de droite de l'autoroute avant d'atteindre la voie d'accélération ;

- porter de nouveau son attention à l'avant du véhicule, aux rétroviseurs et à l'angle mort ;

- s'assurer qu'un autre conducteur ne change pas de voie au même moment ;

- s'engager sur l'autoroute à la fin de la ligne discontinue en utilisant toute la voie d'accélération pour ajuster sa vitesse à celle des autres véhicules ;

- s'insérer dans la circulation ;

- arrêter les feux de changement de direction.

Le conducteur doit tenir compte de la circulation et prévoir comment il pourra accélérer à la fin de la bretelle d'accès. Ralentir dans la voie d'accélération est une manœuvre qui peut être dangereuse pour soi-même et pour ceux qui suivent.

Circuler sur une autoroute

La conduite sur une autoroute peut être plus exigeante et plus difficile, car la circulation y est plus rapide. Le conducteur doit :

- rester dans l'une des voies de droite ;

- garder une bonne distance avec les autres véhicules ;

- surveiller la circulation, surtout à l'approche des échangeurs ;

- surveiller le déplacement des véhicules qui passent d'une voie à l'autre.

Le conducteur a toujours avantage à collaborer avec les autres usagers de la route et à prévoir les situations risquées. Il doit :

- vérifier souvent son indicateur de vitesse pour respecter la limite maximale permise ;

- se méfier de l'augmentation de la vitesse parce qu'elle augmente la distance de freinage et diminue le champ de vision.

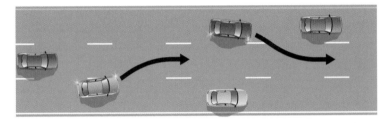

La priorité de passage est accordée aux véhicules qui circulent déjà sur l'autoroute. À l'approche d'une bretelle d'accès, le conducteur peut ralentir et collaborer avec ceux qui désirent s'insérer dans la circulation.

De plus, vérifier la possibilité de changer de voie à gauche est un bon moyen de prévoir une situation risquée. Par exemple, un autre conducteur pourrait entrer sur l'autoroute sans effectuer les vérifications visuelles nécessaires. Avant de se déplacer sur la voie de gauche, il faut toujours s'assurer que cette manœuvre est possible et sécuritaire. Il faut aussi ajuster sa vitesse à cette voie pour s'insérer en douceur et ne pas couper la voie à un véhicule qui circule plus vite.

Près d'une bretelle d'accès, il vaut mieux éviter de dépasser. Il faut toujours prévoir que le conducteur du véhicule qui est en avant sur la voie de droite peut vouloir se déplacer à gauche.

La neige ou un autre obstacle peuvent nuire à la vérification de la circulation dans la bretelle d'accès. C'est pourquoi il est faut être très attentif et agir comme s'il y avait des véhicules dans la bretelle.

Le conducteur doit prendre garde à «l'hypnose de la route» c'est-à-dire qu'il peut avoir l'impression que tout flotte autour de lui et même risquer de s'endormir au volant. Cela peut se produire sur une route monotone ou sur une autoroute s'il roule à la même vitesse sur de longues distances. Comme la route ne varie pas beaucoup, le conducteur a peu de manœuvres à effectuer, ce qui peut diminuer l'attention sur ce qui se passe sur la route. Il faut donc trouver des moyens pour rester éveillé.

Sortir d'une autoroute

Pour quitter une autoroute, il faut emprunter une voie de décélération. Cette voie est située près des voies de circulation de l'autoroute. Elle permet au conducteur de ralentir pour accéder à la bretelle de sortie.

La bretelle de sortie est la voie qui commence au bout de la voie de décélération. Elle mène à une route où la vitesse permise est moins élevée. En général, un panneau d'arrêt ou des feux de circulation permettent de s'insérer sans danger dans la circulation. Ils se trouvent à la jonction de la bretelle de sortie et la nouvelle route.

Le conducteur qui quitte une autoroute doit :

- repérer les panneaux qui indiquent la distance à parcourir avant la sortie la plus proche ;
- anticiper sa sortie de l'autoroute en se plaçant assez à l'avance dans la voie appropriée ;
- vérifier l'état de la circulation à l'arrière du véhicule.

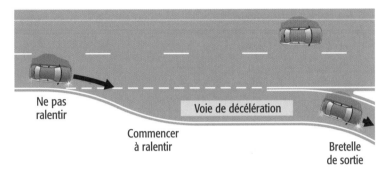

Ne pas ralentir

Commencer à ralentir

Voie de décélération

Bretelle de sortie

Pour sortir de l'autoroute, le conducteur doit :

- se placer à l'avance dans la voie qui permet de prendre la sortie ;

- **porter son attention** à l'avant du véhicule, aux rétroviseurs et aux angles morts ;

- actionner les feux de changement de direction de droite ou de gauche, selon la voie à prendre ;

- changer de voie ;

- s'engager dans la voie de décélération et, par la suite, freiner de façon graduelle ;

- repérer le panneau de limite maximale de vitesse en s'engageant dans la bretelle de sortie ;

- ajuster sa vitesse à celle qui est recommandée dans la bretelle de sortie.

Lorsque vous quittez une autoroute, attendez de circuler dans la voie de décélération pour freiner ou ralentir.

Des exercices d'apprentissage

DES EXERCICES PRATIQUES

Les exercices sur route doivent être exécutés seulement après avoir obtenu votre permis d'apprenti conducteur. Vous devez aussi être accompagné d'une personne qui est titulaire d'un permis de conduire une automobile depuis plus de deux ans.

1 **Exercez-vous à négocier des courbes, de plus en plus prononcées, en prenant soin d'ajuster votre vitesse avant la courbe.**

2 **Exercez-vous à effectuer des arrêts complets à différentes intersections (avec des panneaux d'arrêt, avec des feux de circulation, en zones peu et très achalandées, etc.) en n'oubliant pas la vérification avant de freiner.**

DES EXERCICES THÉORIQUES

1 **Placez dans l'ordre les 10 étapes de la marche arrière.**

a) Se placer de façon appropriée dans l'espace choisi.

b) Appuyer sur la pédale de frein.

c) Contrôler toujours la vitesse.

d) Jeter de fréquents coups d'œil rapides à l'avant, sur les côtés et à l'arrière du véhicule pour s'assurer que la voie est toujours libre.

e) Tourner la tête et le corps vers l'arrière du côté de la manœuvre.

f) Diriger le véhicule en regardant par la lunette arrière.

g) Tourner le volant, au besoin, dans la direction voulue.

h) Effectuer une vérification visuelle à l'avant, sur les côtés et à l'arrière du véhicule.

i) Désengager le frein de stationnement.

j) Actionner les feux de changement de direction du côté du virage.

2 Placez dans l'ordre les étapes à suivre pour entrer sur un chemin public. Inscrivez la lettre associée à chacun des numéros dans le carré.

Une fois le moteur en marche :

1. ☐   a) Vérifier dans le rétroviseur et dans l'angle mort du côté où le conducteur souhaite diriger son véhicule.

2. ☐   b) Vérifier à gauche et à droite.

3. ☐   c) Actionner les feux de changement de direction du côté où le conducteur souhaite diriger son véhicule.

3 Placez dans l'ordre les étapes pour changer de voie. Inscrivez la lettre associée à chacun des numéros dans le carré.

1. ☐   a) Actionner les feux de changement de direction appropriés.

2. ☐   b) Vérifier dans les rétroviseurs.

3. ☐   c) Vérifier dans l'angle mort approprié.

4. ☐   d) Changer de voie lentement pour conserver la maîtrise du véhicule.

5. ☐   e) Garder sa vitesse et s'engager dans l'autre voie.

6. ☐   f) Vérifier de nouveau dans les rétroviseurs pour s'assurer que la manœuvre est toujours possible et sécuritaire.

7. ☐ g) Arrêter les feux de changement de direction une fois la manœuvre complétée, s'il y a lieu.

8. ☐ h) Vérifier de nouveau l'angle mort pour s'assurer qu'aucun véhicule n'a pris place sur la voie choisie.

9. ☐ i) Ajuster sa vitesse à l'état de la circulation dans la voie où on s'engage.

4 **Placez dans l'ordre les étapes pour négocier une courbe. Inscrivez la lettre associée à chacun des numéros dans le carré.**

1. ☐ a) À l'entrée de la courbe, tourner le volant pour diriger le véhicule vers l'intérieur de la courbe, sans toucher les limites des voies ou l'accotement.

2. ☐ b) Maintenir sa vitesse une fois engagé dans la courbe.

3. ☐ c) Accélérer de façon progressive à la sortie de la courbe.

4. ☐ d) Regarder loin en avant dans la direction de la courbe.

5. ☐ e) Prendre une position dans la voie qui offre une vision maximale de l'extérieur vers l'intérieur en suivant une trajectoire sécuritaire.

6. ☐ f) Ralentir avant le début de la courbe, lorsqu'on circule en ligne droite.

5 **Vrai ou faux**

Indiquez par un X si les énoncés suivants sont vrais ou faux.

	Vrai	Faux
1. Le fait de regarder juste devant le véhicule aide le conducteur à maintenir une trajectoire en ligne droite.	☐	☐
2. En général, il est conseillé de stationner en marche arrière pour mieux voir l'environnement et pour diminuer les risques d'accident.	☐	☐
3. Sur une route à deux sens et à trois voies ou plus dans la même direction, il est permis de traverser deux voies en même temps.	☐	☐
4. Au moment d'un arrêt complet ou d'un changement de voie, une vérification visuelle doit être effectuée avant de déplacer le véhicule.	☐	☐

6 **Jeu d'associations**

Inscrivez devant chaque définition de la colonne A la lettre associée au terme correspondant dans la colonne B.

Colonne A	Colonne B
1. Je suis le résultat du frottement des pneus avec la chaussée.	a) Inertie
	b) Force centrifuge
2. J'attire le véhicule vers l'extérieur de la courbe.	c) Friction
3. Je suis une loi naturelle qui fait qu'un corps demeure immobile tant qu'une force ne l'oblige pas à bouger.	d) Gravité
	e) Énergie cinétique
4. Je suis la force d'attraction que la Terre exerce sur les corps.	
5. Tout véhicule en mouvement en accumule.	

CORRIGÉ DES EXERCICES D'APPRENTISSAGE

Exercices	Questions	Réponses	Références
1 Séquence pour la marche arrière	1	j)	
	2	b)	
	3	i)	
	4	h)	
	5	e)	p. 79, 80
	6	c)	
	7	g)	
	8	f)	
	9	d)	
	10	a)	
2 Séquence pour entrer sur un chemin public	1	c)	
	2	a)	p. 85
	3	b)	
3 Séquence pour changer de voie	1	b)	
	2	c)	
	3	a)	
	4	f)	
	5	h)	p. 96, 97
	6	e)	
	7	d)	
	8	i)	
	9	g)	

CORRIGÉ DES EXERCICES D'APPRENTISSAGE

Exercices	Questions	Réponses	Références
4 Séquence pour négocier une courbe	1	f)	
	2	e)	
	3	d)	p. 87
	4	a)	
	5	b)	
	6	c)	
5 Vrai OU Faux	1	F	p. 76
	2	V	p. 85
	3	F	p. 97
	4	V	p. 91, 96
6 Jeu d'associations	1	c)	p. 66
	2	b)	p. 69
	3	a)	p. 68
	4	d)	p. 67
	5	e)	p. 70

LE PARTAGE
DE LA ROUTE

Ce chapitre traite des comportements à adopter pour partager la route en toute sécurité. Bien observer, bien évaluer la situation et surtout agir avec sécurité autant pour soi que pour les autres est très important.

Les autres usagers de la route et les conditions de la circulation peuvent aussi obliger le conducteur à adapter rapidement sa conduite selon l'environnement.

Pour conduire de façon sécuritaire, le conducteur doit :

- maintenir le contrôle de la direction ;

- communiquer de façon efficace sa présence et ses intentions aux autres usagers de la route ;

- maintenir une vitesse et une distance sécuritaires par rapport aux autres véhicules ;

- savoir prendre sa place sur la route tout en s'adaptant à la circulation et à la présence des autres usagers.

ADOPTER UNE CONDUITE SÉCURITAIRE

Pour partager la route en toute sécurité avec les autres usagers, le conducteur doit :

- circuler au centre de sa voie ;

- être attentif aux véhicules qui viennent en sens inverse, car certains peuvent déborder vers le centre de la route ;

- éviter de demeurer trop longtemps dans l'angle mort d'un autre véhicule.

En cas de doute, il faut réduire sa vitesse et se tenir prêt à réagir.

Collaborez en tout temps avec les autres usagers de la route pour leur faciliter la tâche.

■ COMMUNIQUER SA PRÉSENCE ET SES INTENTIONS

Le conducteur doit être bien vu des autres usagers de la route : automobilistes, piétons, cyclistes, conducteurs de véhicules lourds, motocyclistes et cyclomotoristes. Il doit aussi leur communiquer sa présence et ses intentions.

Les phares

Conduire avec les phares allumés en tout temps assure au conducteur que :

- son véhicule est plus facilement repérable, ce qui permet aux autres usagers de la route de mieux évaluer sa vitesse et la distance qui les séparent ;

- son véhicule est plus visible dans les rétroviseurs des autres conducteurs au moment d'un changement de voie ou d'un dépassement ;

- son véhicule est plus visible pour les piétons et les cyclistes, ce qui leur permet de réagir à temps ;

- son véhicule est mieux perçu lors de conditions climatiques difficiles (neige, brouillard ou pluie) et dans un tunnel.

Le conducteur qui circule la nuit doit veiller à ne pas aveugler les autres conducteurs. C'est pourquoi :

- **lorsqu'il croise un véhicule :** il passe aux feux de croisement dès qu'il voit le faisceau lumineux du véhicule venant en sens inverse ;

- **lorsqu'il suit un véhicule :** il passe aux feux de croisement dès que ses phares éclairent le véhicule devant lui ;

- **lorsqu'un autre véhicule le dépasse :** il passe aux feux de croisement dès que l'autre véhicule arrive à sa hauteur et revient aux feux de route dès qu'il est assez éloigné.

 En cas de besoin, pour communiquer vos intentions, utilisez les signaux manuels que vous trouverez dans le *Guide la route*.

L'appel de phares

L'appel de phares consiste à alterner les feux de route (*haute intensité*) et les feux de croisement (*basse intensité*) comme avertissement. Il sert à :

- signaler au conducteur du véhicule venant en sens inverse que ses feux de route éblouissent ;
- signaler sa présence en certaines circonstances.

Le contact visuel

Le contact visuel est une façon de communiquer avec les autres usagers de la route. Il permet au conducteur de s'assurer qu'ils l'ont bien vu. Cependant, le conducteur doit toujours rester attentif. En effet, les autres usagers peuvent sous-estimer sa vitesse et sa distance par rapport à la leur.

L'avertisseur sonore (klaxon)

L'avertisseur sonore permet d'attirer l'attention d'un autre usager de la route lorsqu'il faut assurer sa sécurité et celle des autres. Il doit être utilisé de façon modérée pour éviter de surprendre les autres usagers, en particulier les enfants, qui peuvent réagir de façon imprévisible. Il doit être actionné uniquement pour :

- signifier sa présence lorsque le conducteur doute d'être vu ;
- signaler un danger.

Les feux de changement de direction (clignotants)

Les feux de changement de direction permettent au conducteur de communiquer ses intentions aux autres usagers de la route. Ils doivent être actionnés :

- un peu avant de changer de voie ;

- pour indiquer l'endroit choisi pour stationner ;

- un peu avant de freiner pour indiquer le virage à une intersection.

Il faut les utiliser au moment approprié. Les activer trop tôt risque de transmettre un message trompeur. À l'inverse, les actionner trop près de l'endroit où doit s'effectuer la manœuvre risque de prévenir trop tard le conducteur derrière soi.

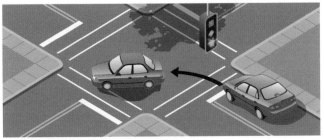

Communication inadéquate des intentions

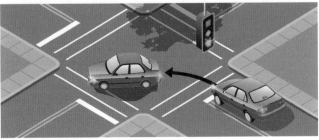

Communication adéquate des intentions

119

Les feux de freinage

Les feux de freinage préviennent les autres usagers de la route de l'intention du conducteur de ralentir ou d'arrêter le véhicule. Pour les allumer et les éteindre, il faut appuyer un peu et à quelques reprises sur la pédale de frein. Sur un véhicule à transmission manuelle, le fait d'appuyer légèrement sur les freins en rétrogradant, c'est-à-dire en plaçant le levier de vitesses à un rapport inférieur, permet d'informer les autres usagers qui suivent de son intention de ralentir.

Pour mieux signaler sa présence aux usagers plus éloignés, il est conseillé au conducteur qui a immobilisé son véhicule de façon temporaire sur la route de continuer d'appuyer sur les freins pour garder les feux de freinage allumés.

Les autres feux

Les feux de position, les feux de marche arrière ou les feux de détresse envoient aussi des messages. Il faut veiller à les remplacer lorsqu'ils sont défectueux.

■ MAINTENIR UNE VITESSE ET UNE DISTANCE SÉCURITAIRES

Circuler à une vitesse sécuritaire signifie qu'il faut respecter les limites maximales de vitesse. Ces limites sont établies pour assurer la fluidité de la circulation et veiller à la sécurité des usagers de la route.

Circuler trop vite :

- diminue le champ de vision et l'adhérence des pneus ;
- augmente la distance de freinage et la violence du choc en cas d'impact.

Les limites minimales doivent aussi être respectées. En effet, un véhicule qui se déplace trop lentement peut devenir un danger pour les autres conducteurs, en plus de nuire à la circulation.

Le conducteur doit savoir adapter sa vitesse aux conditions routières et climatiques. Lorsqu'elles sont mauvaises, il doit circuler à une vitesse inférieure à la vitesse maximale permise pour réagir en cas d'imprévus.

Pour conduire de façon plus sécuritaire et réaliser des économies d'essence :

- roulez à une vitesse stable ;
- accélérez lentement pour dépasser ou pour rejoindre la circulation rapide ;
- évitez de freiner de façon brusque ;
- évitez les vitesses élevées. Par exemple, sur l'autoroute, si vous augmentez votre vitesse de 100 km/h à 120 km/h, vous consommez jusqu'à 20 % **de plus** d'essence et produisez des émissions de CO_2. Si vous réduisez votre vitesse de 100 km/h à 90 km/h, vous consommez jusqu'à 10 % **de moins** d'essence.

Garder ses distances à l'avant

Le conducteur doit garder une bonne distance avec le véhicule devant lui pour pouvoir s'immobiliser à temps. Dans les conditions normales et sur une chaussée sèche, il peut appliquer la règle des deux secondes, soit la distance franchie en deux secondes pour atteindre un point de repère. Pour appliquer cette règle, il doit :

- choisir un objet fixe au bord de la route un peu plus loin que le véhicule devant lui, par exemple, un panneau, un arbre ou un poteau ;

- au moment où l'arrière de ce véhicule passe vis-à-vis de cet objet, commencer à compter :
  «**un mille et un, un mille et deux**» ;

- si le point de repère est atteint et que le conducteur n'a pas fini de dire «un mille et deux», la distance entre les deux véhicules est insuffisante. Il doit alors ralentir pour augmenter la distance entre son véhicule et celui qui précède.

2 secondes ou plus

Il faut se rappeler que cette règle permet d'avoir une distance minimale pour éviter les risques de collision. Dans certains cas, il est préférable de se donner une marge de sécurité supplémentaire. Dans les situations plus difficiles comme :

• une visibilité réduite (nuit, pluie, brouillard) ;

• des surfaces dangereuses (chaussée glissante, endommagée ou recouverte de gravier) ;

• la diminution de l'adhérence des pneus (état et pression des pneus) ;

il faudra augmenter cet intervalle à trois ou quatre secondes en comptant « **un mille et un, un mille et deux, un mille et trois, un mille et quatre** » et même plus, au besoin. Comme les distances de freinage sont supérieures, par exemple, sur une chaussée glacée ou enneigée, l'espace entre les véhicules devrait représenter un temps d'au moins huit à dix secondes.

Garder ses distances à l'arrière

L'espace à l'arrière du véhicule est plus difficile à contrôler. Pour conserver une bonne marge de sécurité, il faut vérifier souvent dans les rétroviseurs si l'espace à l'arrière est égal à celui à l'avant. Si un véhicule suit de trop près et empêche de garder la marge de sécurité, il faut laisser encore plus d'espace devant. Cela amènera peut-être l'autre conducteur à dépasser. Toutefois, s'il continue de suivre de trop près, il faut quitter la route dès qu'il est possible de le faire sans danger.

La distance d'arrêt

La distance d'arrêt est l'espace minimal nécessaire pour immobiliser un véhicule dans des conditions normales de circulation. Cette distance est influencée par la masse et la vitesse du véhicule. Cependant, d'autres facteurs sont aussi à considérer puisque, avant de freiner, il faut d'abord percevoir le danger et réagir vite.

Facteurs qui influencent la distance d'arrêt

ÉTAPES	FACTEURS
Temps de perception (Observer – Évaluer)	
temps nécessaire au conducteur pour apercevoir un obstacle	état de santé niveau de vision
Temps de réaction (Agir)	
temps nécessaire au conducteur pour appuyer sur la pédale de frein	• réflexe du conducteur • niveau de stress • niveau de fatigue • état psychologique
Distance de freinage	
distance nécessaire pour immobiliser le véhicule à partir du moment où le conducteur appuie sur les freins	• état mécanique du véhicule • conditions routières et climatiques

Exemples de distance de freinage

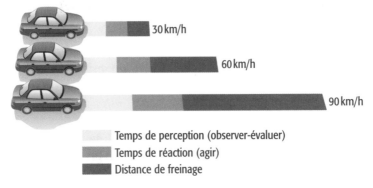

30 km/h

60 km/h

90 km/h

Temps de perception (observer-évaluer)
Temps de réaction (agir)
Distance de freinage

Selon les circonstances, la distance d'arrêt peut varier beaucoup. C'est pourquoi le conducteur doit ajuster sa vitesse en tout temps, non seulement à cause des conditions climatiques, routières et de la circulation mais aussi, à cause de son état physique ou psychologique.

Aussi, une mauvaise adhérence des pneus peut demander une distance de freinage beaucoup plus grande ou entraîner la perte de maîtrise du véhicule. Attention à la chaussée verglacée qui diminue de beaucoup l'adhérence des pneus.

 Adopter une conduite sécuritaire n'est pas compliqué. Soyez conscient de ce qui se passe autour de vous, adaptez-vous aux conditions climatiques et routières. Apprenez à anticiper.

COLLABORER AVEC LES AUTRES

Le conducteur doit partager la route avec de nombreux usagers. Pour le faire en harmonie et de façon sécuritaire, le conducteur doit :

- respecter les limites de vitesse ;

- céder le passage aux piétons qui traversent au feu vert à une intersection où il y a un signal d'arrêt ou à un passage pour piétons ;

- éviter de dépasser un cycliste circulant sur la même voie lorsque l'espace ne permet pas de le faire sans danger ;

- conserver une distance sécuritaire avec le véhicule à l'avant ;

- être attentif aux véhicules lourds et éviter de demeurer trop longtemps dans leurs angles morts ;

- éviter de dépasser un motocycliste à l'intérieur de la même voie et respecter la formation de groupe.

▪ AVEC LES PIÉTONS

Les piétons n'ont aucune protection au moment d'un impact. Ils sont vulnérables et leurs réactions peuvent parfois être difficiles à prévoir. Certains traversent en dehors des passages qui leur sont réservés ou arrivent tout à coup entre deux véhicules. Comme ces situations peuvent parfois être dangereuses, le conducteur doit redoubler d'attention.

SAVIEZ-VOUS QUE...?

La majorité des accidents impliquant des piétons se produisent entre 15h et 19h, à des endroits où la vitesse maximale permise est de 50 km/h ou moins.

Il faut aussi être patient avec les jeunes enfants, les personnes à mobilité réduite, les personnes qui marchent lentement et les personnes âgées. Certaines personnes ont besoin de  plus de temps pour traverser la rue que la durée du feu lumineux donnant la priorité aux piétons.

Il faut éviter de croiser ou de dépasser un autre véhicule qui circule près des piétons qui marchent sur le bord de la chaussée. Ils sont parfois difficiles à voir le soir, surtout lorsqu'ils portent des vêtements sombres.

Les piétons qui ont une déficience visuelle

Ces personnes écoutent les bruits ambiants pour prévoir les mouvements de la circulation. Il faut donc éviter :

• de les distraire ou de les faire sursauter ;

• de klaxonner ;

• de maintenir le son de la radio ou du lecteur de disques compacts trop élevé lorsque les vitres du véhicule sont ouvertes ;

• d'augmenter le régime du moteur lorsque le véhicule est arrêté, c'est-à-dire de faire tourner le moteur trop rapidement.

Devant un panneau « Cédez le passage »

Il est interdit de se dépêcher pour passer devant un piéton qui a la priorité de passage. Si la personne utilise une canne blanche, le dépassement augmente le risque de la blesser ou de la perturber.

Devant un panneau d'arrêt ou un feu rouge

Lorsqu'une personne atteinte d'une déficience visuelle traverse une intersection, le bruit du moteur est un indicateur utile. Il est donc important de ne pas s'immobiliser trop tôt avant le passage pour piétons, la ligne d'arrêt ou la ligne latérale de la chaussée à croiser. Si le véhicule est trop avancé, le conducteur ne doit pas faire marche arrière ni s'avancer davantage. La personne qui se guide sur le bruit du moteur comme point de repère contournera le véhicule par l'avant et non par l'arrière.

■ AVEC LES ENFANTS

Porter une attention particulière aux enfants. Ils ont des comportements beaucoup plus imprévisibles que ceux des autres usagers de la route :

- ils sont souvent moins conscients du danger ;

- ils n'ont pas une vision périphérique aussi développée que celle de l'adulte ;

- ils ont davantage de difficulté à évaluer la distance et la vitesse des autres usagers de la route ;

- ils ne connaissent peut-être pas les règles de circulation et encore moins les distances de freinage des véhicules ;

- ils peuvent être surpris en entendant un véhicule s'approcher d'eux et peuvent réagir de façon imprévisible.

Avant de faire signe à un enfant de traverser à une intersection, assurez-vous qu'il peut le faire sans danger, en vérifiant si la voie est libre à l'avant et à l'arrière de votre véhicule.

◼ AVEC LES CYCLISTES

Les cyclistes ont les mêmes droits et responsabilités que les conducteurs de véhicule. Ils sont aussi des usagers de la route vulnérables. Il faut demeurer attentif en leur présence et appliquer certaines règles de sécurité :

SAVIEZ-VOUS QUE...?

Dépasser un cycliste sans laisser un espace suffisant constitue une infraction qui entraîne des points d'inaptitude et une amende.

- avant d'arriver près d'un cycliste, mieux vaut ralentir. Klaxonner uniquement s'il est nécessaire de signaler sa présence, car il risque de sursauter et de tomber ;

- avant de tourner à droite à une intersection, surveiller le bord de la route. Vérifier dans les rétroviseurs et dans l'angle mort de droite et s'assurer qu'il n'y a aucun cycliste ;

- avant de tourner à gauche, accorder la priorité de passage au cycliste qui vient en sens inverse et effectuer les vérifications visuelles dans les rétroviseurs et dans l'angle mort de gauche ;

- porter une attention particulière aux cyclistes qui se faufilent entre les véhicules;

- éviter de circuler ou de stationner sur une voie cyclable, car ces voies sont réservées aux cyclistes. Pour éviter de heurter un cycliste, bien vérifier avant d'ouvrir la portière lorsque le véhicule est stationné au bord de la chaussée;

- prévoir qu'un cycliste qui circule sur l'accotement d'une route secondaire peut décider de retourner sur la chaussée;

- redoubler de prudence la nuit, car les vélos ne sont pas toujours équipées de réflecteurs ou de phares.

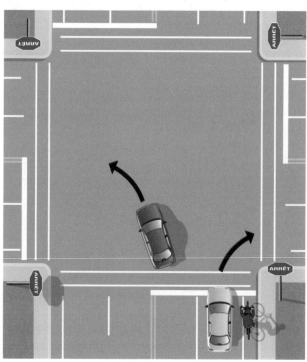

■ AVEC LES CYCLOMOTORISTES

Les cyclomotoristes sont plus difficiles à voir sur la route à cause de la petite dimension de leur véhicule. Comme les motocyclistes, ils risquent plus de blessures que les autres conducteurs parce qu'ils n'ont ni pare-chocs, ni ceinture de sécurité, ni coussin gonflable pour assurer leur protection.

Les cyclomotoristes doivent respecter les mêmes règles de circulation que les autres conducteurs. Ils ne sont pas obligés de circuler sur le bord de la chaussée comme c'est le cas pour les cyclistes. Il faut donc éviter d'empiéter sur leur voie.

■ AVEC LES MOTOCYCLISTES

Le conducteur doit être vigilant en présence de motocyclistes. Il est très difficile pour le conducteur d'évaluer la distance et la vitesse d'une motocyclette qui circule à l'avant ou à l'arrière de son véhicule. En effet, ses dimensions plus petites que celles des autres véhicules routiers la rendent moins visible. De plus, un motocycliste est plus difficile à voir lorsqu'il effectue un virage à gauche. C'est pourquoi il est important de respecter sa priorité.

Par ailleurs, les motocyclettes ont une capacité d'accélération surprenante. Il faut être prêt à prévoir leurs réactions.

Aussi, à vitesse égale, les motocyclettes freinent sur une plus courte distance que les autres véhicules, car elles possèdent une capacité de freinage supérieure à celle d'un véhicule de promenade. Donc, le conducteur ne doit pas suivre de trop près un motocycliste. En comparaison avec un véhicule de promenade, le conducteur doit laisser un espace plus grand afin de ne pas frapper un motocycliste qui freinerait de façon brusque.

Tout comme un véhicule, une motocyclette a droit à toute la largeur d'une voie. Donc, le conducteur qui dépasse un motocycliste ne doit pas empiéter sur cette voie.

Les motocyclistes qui circulent en groupe adoptent la «formation en zigzag» pour une meilleure sécurité. Il importe de respecter ce type de regroupement et de ne pas s'insérer dans cette formation.

■ AVEC LES VÉHICULES LOURDS

La route est le lieu de travail des conducteurs de véhicules lourds. Comme ils y passent de longues heures, la collaboration des autres usagers de la route est importante.

Certaines manœuvres, surtout celles des ensembles de véhicules routiers, c'est-à-dire les tracteurs et remorques, exigent plus d'espace (par exemple, pour virer à une intersection). Ils risquent d'empiéter sur une autre voie. Il faut donc leur laisser assez d'espace pour leur permettre de manœuvrer sans danger.

En raison de leur poids imposant, les véhicules lourds sont plus lents à réagir et à freiner. En leur présence, il faut donc réduire sa vitesse et garder une distance plus grande entre son véhicule et le véhicule lourd. Le conducteur qui suit un véhicule lourd de trop près ne peut pas avoir une bonne vision de la route. Il risque de ne pas voir à temps un panneau de circulation, un feu de signalisation ou une situation imprévue.

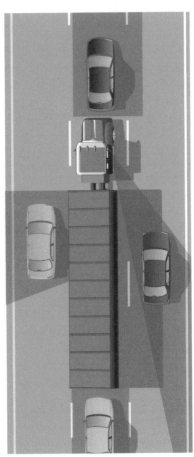

Un véhicule de promenade doit demeurer dans le champ de vision du conducteur d'un véhicule lourd et éviter de circuler trop longtemps dans l'un de ses angles morts. Pour contrer les effets du déplacement d'air causé par un véhicule lourd qui croise ou dépasse son véhicule de promenade, le conducteur doit se tenir prêt à corriger sa trajectoire. De plus, lorsque la chaussée est mouillée, le pare-brise est éclaboussé et la visibilité réduite. Il est bon d'actionner les essuie-glaces avant d'être à la hauteur d'un véhicule lourd.

Lorsqu'un camion bloque la route pour accéder à une entrée ou en sortir, il faut être patient et attendre que la voie soit libre avant de continuer. Quand le conducteur du camion se prépare à reculer ou à avancer, il est préférable de ralentir, de signaler sa présence, d'avancer avec prudence et de s'immobiliser au besoin.

Tenez-vous loin des véhicules lourds. Des objets peuvent être éjectés de la remorque, la semelle d'un pneu peut se défaire ou un caillou peut être projeté par l'un des pneus, ce qui peut briser votre pare-brise.

Les véhicules lents

Les véhicules lents sont ceux dont la vitesse est de 40 km/h ou moins. Ces véhicules sont munis à l'arrière d'un panneau avertisseur fluorescent de couleur orangée avec une bordure rouge.

La machinerie tirée par les tracteurs est souvent très large. Pour cette raison, les manœuvres de croisement et de dépassement sont plus difficiles à faire. Avant d'effectuer toute manœuvre, le conducteur prévoyant doit ralentir pour s'assurer que la voie est libre sur une distance suffisante. Par exemple, un véhicule lent peut tourner dans une entrée sans signaler son intention. Comme certains de ces véhicules ne sont pas équipés de feux de changement de direction, il faut toujours être attentif.

Les véhicules qui servent à l'entretien des routes

Le conducteur qui suit un véhicule servant à l'entretien des routes doit être patient. Il doit ralentir et éviter de le dépasser. Pour accomplir leur travail, surtout l'hiver, les conducteurs des véhicules qui entretiennent les routes ont besoin d'espace et de temps. Ces véhicules ne sont pas faciles à conduire à cause de leur masse et de leurs lourdes pièces d'équipement. De plus, ils doivent circuler à environ 50 km/h pour être efficaces.

En hiver, dépasser les véhicules lourds comporte de grands risques. Il est parfois impossible d'évaluer l'état de la chaussée devant ces véhicules, ni de prévoir le brouillard de neige soulevé lors de leur passage.

Les véhicules dont la largeur dépasse les normes

Le conducteur qui se prépare à croiser ce type de véhicule doit réduire sa vitesse. Par exception, il peut parfois empiéter sur l'accotement, mais il doit d'abord vérifier si cette option est sécuritaire. Après, il doit :

- réduire encore plus sa vitesse ;
- effectuer les vérifications visuelles appropriées ;
- signaler son intention d'aller sur l'accotement ;
- revenir sur la chaussée dès que possible.

■ AVEC LES AUTOBUS

Le conducteur doit être attentif lorsqu'un autobus s'immobilise près de son véhicule. Des passagers peuvent descendre ou monter. Des piétons peuvent aussi traverser devant le véhicule du conducteur.

Sur une route où la vitesse maximale permise est inférieure à 70 km/h, le conducteur doit respecter la priorité de l'autobus. Il doit céder le passage lorsque le chauffeur d'autobus signale son intention de reprendre la voie où il circulait avant de s'arrêter.

Les autobus scolaires

En présence d'un autobus scolaire, le conducteur doit toujours se tenir prêt à arrêter son véhicule.

Les autobus scolaires doivent souvent faire des arrêts pour faire monter ou descendre les écoliers. Pour éviter des manœuvres brusques de freinage ou d'accélération, le chauffeur d'autobus scolaire qui a l'intention d'immobiliser l'autobus doit aviser les autres conducteurs. Il fera alors un présignalement d'arrêt obligatoire.

Le conducteur doit retenir ces deux étapes :

* lorsque les quatre feux jaunes d'avertissement alternatifs ou les feux de détresse de l'autobus sont activés, il doit se **préparer à arrêter** son véhicule.

* lorsque les feux rouges intermittents clignotent et que le panneau d'arrêt est activé, il doit **arrêter complètement** son véhicule.

Le *Code de la sécurité routière* oblige les conducteurs à s'arrêter à plus de 5 mètres d'un autobus ou d'un minibus qui transporte des écoliers, dont les feux rouges intermittents clignotent et le panneau du signal d'arrêt est activé. Ils peuvent le croiser ou le dépasser uniquement lorsque les feux rouges intermittents sont éteints et que le panneau du signal d'arrêt est replié. Avant de faire cette manœuvre, ils doivent aussi s'assurer que la voie est libre.

Tous les conducteurs doivent respecter cet arrêt obligatoire même lorsqu'ils circulent dans la même direction qu'un autobus scolaire sur une chaussée à deux sens, de trois voies ou plus.

Les conducteurs ne sont pas obligés de s'arrêter uniquement lorsqu'ils circulent en sens inverse de l'autobus sur des voies séparées par un terre-plein.

▓ AVEC LES VÉHICULES D'URGENCE

Le *Code de la sécurité routière* mentionne que le conducteur doit respecter la priorité des véhicules d'urgence (camions d'incendie, véhicules de police, ambulances, etc.). Dès qu'il entend une sirène ou voit des avertisseurs lumineux dans un de ses rétroviseurs, le conducteur doit leur faciliter le passage afin qu'ils puissent porter secours plus rapidement. Il doit donc libérer de façon sécuritaire la voie occupée par l'un de ces véhicules d'urgence et s'immobiliser, si cela est nécessaire. Il faut surtout éviter de freiner de façon brusque ou d'accélérer.

■ AVEC LES VÉHICULES QUI EFFECTUENT DES ARRÊTS FRÉQUENTS

Le conducteur doit aussi être attentif aux véhicules qui effectuent des arrêts fréquents comme les taxis, les autobus urbains ou scolaires et les camions de livraison, de collecte des ordures ménagères ou de travaux publics.

■ AVEC LES MOTONEIGES OU LES VÉHICULES TOUT-TERRAINS

Le conducteur doit porter attention aux panneaux de signalisation qui annoncent un passage pour motoneiges ou véhicules tout-terrains. Les bancs de neige qui peuvent bloquer la vue et cacher la présence de motoneigistes sont aussi à surveiller. De plus, en été, les sentiers de motoneige peuvent servir aux véhicules tout-terrains. Il faut donc être attentif en tout temps.

■ AVEC LES VÉHICULES STATIONNÉS

Il est conseillé de surveiller les portières des véhicules stationnés au bord de la route. Des personnes peuvent ouvrir une portière et sortir vite du véhicule sans vérifier s'il y a d'autres véhicules qui circulent. Une attention particulière doit aussi être portée aux piétons qui peuvent traverser entre deux véhicules.

Il faut rester attentif lorsqu'une voiture quitte l'accotement pour s'engager de nouveau dans la circulation ou se prépare à le faire. Certains conducteurs vérifient dans leurs rétroviseurs sans regarder dans les angles morts. Ils ne peuvent donc pas apercevoir un véhicule qui se trouverait dans cette zone. D'autres ne signalent pas leur intention. Le conducteur doit aussi faire attention aux autres usagers qui, tout à coup, décident de faire demi-tour.

 Lorsque vous circulez sur une voie étroite où des véhicules sont stationnés, regardez loin en avant pour vous placer plus facilement au centre de la voie et prévoir les situations risquées. Cela vous permet aussi de voir si des personnes se préparent à sortir des véhicules stationnés.

▓ AVEC LES VÉHICULES QUI VIENNENT EN SENS INVERSE

Lorsqu'il y a beaucoup de circulation dans la voie en sens inverse, il faut être très vigilant. Certains conducteurs peuvent empiéter un peu sur l'autre voie lorsqu'ils vérifient s'il est possible de dépasser. De plus, d'autres conducteurs peuvent dépasser et avoir mal évalué la distance et la vitesse des véhicules dans l'autre voie. Il est aussi important de porter attention aux conducteurs qui tarderaient à réintégrer leur voie.

ADAPTER SA CONDUITE AUX SITUATIONS PARTICULIÈRES

La prochaine section présente différentes situations où le conducteur devra adapter sa conduite et demeurer attentif.

■ SUR UN TERRAIN DE STATIONNEMENT

Le conducteur doit rouler lentement et prévoir que certains véhicules ne circulent peut-être pas dans les corridors déjà prévus pour la circulation.

■ DANS UNE RUE ÉTROITE

Le conducteur doit ralentir dans une rue où la distance entre les véhicules qui se croisent est étroite.

■ DANS UNE ZONE SCOLAIRE

Dans une zone scolaire, la limite de vitesse est de 50 km/h à moins qu'un panneau de signalisation indique une limite inférieure. Pour la sécurité des enfants, le conducteur doit respecter :

• la limite de vitesse ;

• les passages pour écoliers ;

• les signaux du brigadier scolaire.

■ DANS UN TUNNEL

En traversant un tunnel, le conducteur doit :

• être prudent à l'entrée et à la sortie, car un temps est nécessaire pour que les yeux s'adaptent à l'obscurité ou à la lumière ;

- allumer les feux de croisement ;

- conserver une distance sécuritaire ;

- prévoir l'effet possible de vents violents
  sur la conduite à la sortie.

▓ À L'APPROCHE D'UN PONT

Avant de traverser un pont, le conducteur doit :

- prévoir le rétrécissement possible de la chaussée ;

- laisser passer le véhicule qui vient en sens inverse
  et qui est déjà engagé sur le pont, s'il n'y a pas assez
  d'espace pour que les deux véhicules se croisent.

▓ À L'APPROCHE D'UN PASSAGE À NIVEAU

Le passage à niveau est annoncé par un panneau de signalisation
qui indique l'angle de la voie ferrée qui traverse la route.

Avant de traverser une voie ferrée, le conducteur doit :

- ralentir ;

- regarder ;

- écouter ;

- immobiliser son véhicule lorsque les feux rouges
  du passage à niveau clignotent.

De plus, les autobus, les minibus et les véhicules lourds qui
transportent des matières dangereuses sont obligés de s'arrêter
à ce passage avant de le traverser. Le conducteur qui suit l'un
de ces véhicules doit donc se préparer à arrêter.

■ PRÈS DES ÉCHANGEURS

Certains échangeurs sont faits de passages surélevés (viaducs) ou inférieurs qui relient deux routes situées parfois à des niveaux différents. Ils permettent de changer de route sans avoir à croiser d'autres véhicules. Près des échangeurs, le conducteur doit observer la signalisation qui indique la voie à emprunter. En général, le conducteur entre et sort par la voie de droite. Il faut toutefois être attentif, car il existe des échangeurs où les entrées et sorties peuvent être à gauche.

Soyez attentif aux autres véhicules lorsque les voies d'entrée ou de sortie d'une autoroute se croisent.

Bretelle d'accès — Voie d'accélération — Voie de décélération — Bretelle de sortie

■ DANS UN EMBOUTEILLAGE

Le conducteur doit être patient et collaborer avec les autres usagers de la route. Il ne doit jamais circuler sur l'accotement, sauf si cela est indiqué. Lorsque l'embouteillage est causé par un accrochage, il doit se tenir prêt à agir et, si cela est nécessaire, à porter secours.

▦ DANS UNE ZONE AGRICOLE

Le conducteur doit être attentif aux entrées de fermes. Des piétons, des véhicules, de la machinerie agricole ou des animaux peuvent surgir. D'habitude, les endroits où les animaux traversent sont indiqués par un panneau de signalisation qui oblige le conducteur à leur céder le passage.

▦ EN PRÉSENCE D'UN CHANTIER ROUTIER

Le conducteur doit être attentif à la signalisation installée à l'approche de travaux routiers et sur le site d'un chantier. Il doit respecter la limite de vitesse inscrite sur le panneau orange comme c'est le cas pour le panneau blanc de limite de vitesse sur une route.

Le conducteur doit bien regarder au loin pour vérifier s'il y a des modifications à la circulation ou si une partie de la chaussée est bloquée. À cause des travaux, une partie d'auto-   route peut aussi devenir à deux sens de circulation sur quelques kilomètres. Le conducteur ne doit pas freiner de façon brusque s'il doit changer de voie.

> Voir la section intitulée «Signalisation des travaux» dans le *Guide de la route*.

▦ AUX CROISEMENTS DES ROUTES

Les intersections sont des endroits particulièrement dangereux, surtout celles où se croisent deux routes à vitesse élevée.

Le conducteur doit vérifier s'il y a :

• des feux de circulation ;

• des feux intermittents ;

• des panneaux d'arrêt.

La limite de vitesse est diminuée à l'approche d'une intersection de routes où la vitesse est élevée. De plus, le conducteur doit respecter la priorité de passage. Il doit toujours céder le passage aux véhicules déjà engagés dans l'intersection.

 Collaborez en tout temps avec les autres usagers de la route. Une priorité de passage ne vous permet pas toujours de passer.

■ DANS UNE CÔTE MONTANTE

Les côtes abruptes empêchent de voir un véhicule qui vient en sens inverse. C'est pourquoi le conducteur doit être attentif et se tenir à droite dans sa voie, au cas où un véhicule viendrait en sens inverse au centre de la chaussée.

Le conducteur doit ralentir avant d'arriver au sommet d'une côte. En effet, la circulation peut être ralentie, un obstacle peut se trouver sur la voie ou un véhicule peut sortir d'un stationnement. Le soleil ou les phares d'un véhicule qui vient en sens inverse peuvent aussi provoquer un éblouissement.

■ EN PRÉSENCE D'UNE VOIE RÉSERVÉE AUX VÉHICULES LENTS

Cette voie permet aux véhicules qui circulent lentement de se ranger à droite sur la route pour que les autres véhicules puissent les dépasser par la voie de gauche. Lorsqu'un panneau indique un rétrécissement de la chaussée qui retranche cette autre voie, le conducteur doit laisser de la place aux autres véhicules qui doivent réintégrer la voie principale.

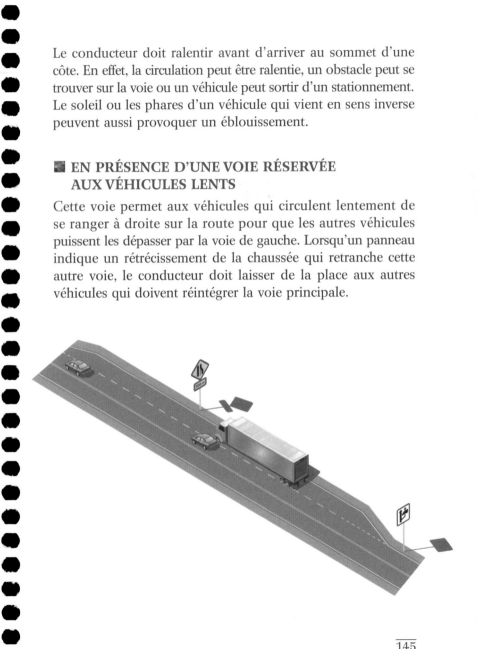

Des exercices d'apprentissage

Chapitre 4

DES EXERCICES PRATIQUES

Les exercices sur route doivent être exécutés seulement après avoir obtenu votre permis d'apprenti conducteur. Vous devez aussi être accompagné d'une personne qui est titulaire d'un permis de conduire une automobile depuis plus de deux ans.

1 **Exercez-vous à garder une vitesse et une distance sécuritaires en appliquant la règle des deux secondes. Faites l'exercice en suivant un véhicule sur une route peu achalandée.**

Répétez l'expérience en variant la vitesse du véhicule et constatez les différences.

2 **Circulez dans des secteurs plus achalandés et adoptez le comportement approprié face aux piétons, cyclistes, cyclomotoristes, motocyclistes, etc.**

DES EXERCICES THÉORIQUES

1 Vrai ou faux

Indiquez par un X si les énoncés suivants sont vrais ou faux.

	Vrai	Faux
1. Garder un intervalle de deux secondes avec le véhicule qui précède, ralentit inutilement la circulation.	☐	☐
2. Faciliter une manœuvre est une façon de communiquer avec un autre usager.	☐	☐
3. Pour faciliter le passage d'un véhicule d'urgence, il est préférable de freiner sans changer de voie.	☐	☐
4. Le conducteur qui suit une motocyclette peut garder un espace plus court que lorsqu'il suit un autre type de véhicule.	☐	☐
5. Comme le conducteur doit concentrer toute son attention sur la route, le piéton est le seul responsable de sa sécurité.	☐	☐
6. Il est permis de dépasser un véhicule lent muni d'un triangle orangé aux seuls endroits prévus à cette fin.	☐	☐
7. En été, comme en hiver, à l'approche d'une traverse de motoneige, il faut appliquer les mêmes consignes de sécurité.	☐	☐

	Vrai	Faux
8. Il n'existe pas d'angle mort sur les côtés d'un véhicule lourd.	☐	☐
9. Le champ de vision diminue lorsque la vitesse augmente.	☐	☐
10. Les cyclistes ont les mêmes droits et responsabilités que les conducteurs de véhicule.	☐	☐
11. Comme conducteur, il faut s'assurer de ne pas empiéter sur la voie d'un cyclomotoriste.	☐	☐
12. Circuler dans un des angles morts d'un véhicule lourd est sécuritaire.	☐	☐
13. Seuls les autobus font un arrêt obligatoire aux passages à niveau.	☐	☐

2 Qui suis-je?

Voici mes trois composantes : temps de perception, temps de réaction et distance de freinage.

Réponse : _____

CORRIGÉ DES EXERCICES D'APPRENTISSAGE

Exercices	Questions	Réponses	Références
1 Vrai OU Faux	1	F	p. 122, 123
	2	V	p. 116
	3	F	p. 137
	4	F	p. 131
	5	F	p. 126
	6	F	p. 134, 135
	7	V	p. 138
	8	F	p. 133, 134
	9	V	p. 121
	10	V	p. 129
	11	V	p. 131
	12	F	p. 134
	13	F, les minibus et certains véhicules lourds aussi.	p. 141
2 Qui suis-je ?		Distance d'arrêt	p. 124, 125

LES STRATÉGIES DE CONDUITE

S avoir reconnaître les situations difficiles permet au conducteur d'adopter rapidement une conduite appropriée aux circonstances. Par exemple, la nuit, différents facteurs nuisent à la visibilité et influencent la façon de conduire et le temps de réaction.

Certaines conditions climatiques peuvent aussi augmenter les risques liés à la conduite. Ainsi, en hiver, l'adhérence des pneus peut être réduite, ce qui oblige le conducteur à modifier sa façon de conduire.

Enfin, en cas d'imprévus, comme certains problèmes mécaniques, le conducteur doit connaître les stratégies pour s'en sortir sans difficulté.

Ce chapitre présente donc les principales caractéristiques de ces situations et propose des stratégies de conduite pour bien y faire face.

LES CONDITIONS DIFFICILES

■ LA CONDUITE DE NUIT

La nuit, la vision est affectée par la diminution de l'éclairage naturel. Les phares ne réussissent pas à compenser l'absence de la lumière du jour. Les contrastes sont diminués ce qui modifie la notion de profondeur et de mouvement. Ainsi :

- les objets éclairés par les phares perdent en partie leurs couleurs ;

- les mouvements sont plus difficiles à percevoir ;

- les objets fixes disparaissent dans l'obscurité, ce qui rend difficile l'évaluation des distances ;

- les obstacles risquent d'être aperçus trop tard.

Pour bien lire la route, il faut donc regarder au-delà de la portée des phares, c'est-à-dire au-delà de la lumière qu'ils projettent. Il faut aussi adopter des stratégies spécifiques à la nuit.

Réduire sa vitesse

L'obscurité réduit le champ de vision du conducteur. Plus la vitesse est élevée, plus le champ de vision est réduit.

Le conducteur doit donc diminuer sa vitesse pour pouvoir freiner sur une distance plus courte que la portée des phares de son véhicule.

Augmenter la distance avec le véhicule qui précède

Il est plus difficile de juger les distances dans l'obscurité. Le conducteur doit alors garder une plus grande distance entre son véhicule et celui qui le précède. Cela donne la marge de manœuvre nécessaire pour éviter un obstacle.

Garder le pare-brise propre et en bon état

Un pare-brise sale à l'intérieur ou à l'extérieur réduit la visibilité. Les yeux se fatigueront plus vite, surtout par mauvais temps. Un pare-brise fissuré nuira encore plus à la visibilité du conducteur et au confort des yeux.

Conserver un bon éclairage

Le conducteur doit garder les phares et les feux de son véhicule propres pour rester bien visible et avoir un meilleur éclairage de la route. Il doit aussi s'assurer que les deux phares avant fonctionnent bien pour éviter qu'un conducteur venant en sens inverse confonde son véhicule avec une moto si l'un des phares est éteint.

Éviter de fixer les phares des autres véhicules

Fixer les phares des véhicules qui viennent en sens inverse peut éblouir le conducteur et nuire à sa vision pendant plusieurs secondes, le temps que ses yeux se réhabituent à l'obscurité. Pour éviter d'être ébloui :

• diriger les yeux vers la bordure droite de la chaussée au moment de croiser un autre véhicule ;

• ralentir si les phares sont trop aveuglants.

Éviter d'aveugler les autres conducteurs

Pour ce faire, le conducteur doit :

• **lorsqu'il se fait dépasser :** passer aux feux de croisement dès que le véhicule qui le dépasse arrive à sa hauteur. Revenir aux feux de route dès que l'autre conducteur est à plus de 150 mètres devant ;

• **lorsqu'il croise un véhicule :** utiliser les feux de croisement dès que la lumière des phares d'un véhicule venant en sens inverse est visible ;

• **lorsqu'il suit un véhicule :** passer aux feux de croisement ;

• **lorsqu'il dépasse un autre véhicule :** revenir aux feux de route à la hauteur du véhicule dépassé.

▓ L'ÉBLOUISSEMENT

L'éblouissement peut affecter la vision du conducteur pendant plusieurs secondes. Il peut donc rouler sur une certaine distance avant que sa vision se rétablisse. Les objets à faible contraste, comme le bord d'un trottoir, seront alors plus difficiles à percevoir.

En cas d'éblouissement, laissez à vos yeux le temps de revenir à la normale avant de reprendre de la vitesse.

Le soleil et les phares des autres véhicules sont des sources d'éblouissement connues, mais il y en a d'autres.

Les gouttes de pluie, les cristaux de neige et le brouillard

En présence de gouttes de pluie, de cristaux de neige ou de brouillard, les phares des autres véhicules peuvent être une source d'éblouissement. Pour éviter d'être ébloui, utiliser les feux de croisement ou, dans le brouillard, les phares antibrouillards.

L'état du pare-brise

Une pellicule graisseuse peut se former à l'intérieur du pare-brise et sur les vitres, surtout si le conducteur fume. Cette pellicule augmente le reflet de la lumière et peut causer de la fatigue visuelle. Pour l'éviter, garder le pare-brise propre à l'intérieur comme à l'extérieur.

L'éclairage à l'intérieur du véhicule

Pour éviter les risques d'éblouissement, il faut éteindre les lumières à l'intérieur du véhicule, sauf celles du tableau de bord qui doivent être ajustées selon la lumière extérieure. En ville, elles peuvent être réglées à une plus forte intensité. Sur une route peu ou non éclairée, le conducteur peut utiliser une intensité plus faible.

Stratégie

- Éviter de regarder directement les phares des autres véhicules;
- diriger les yeux vers la bordure droite de la chaussée au moment d'une rencontre;
- redoubler de vigilance à la sortie d'une zone fortement éclairée pendant que les yeux s'adaptent à un plus faible éclairage;
- ralentir davantage si les phares sont trop aveuglants.

▓ LES CONDITIONS CLIMATIQUES

Lorsque les conditions routières se détériorent à cause du mauvais temps, la visibilité qui est réduite augmente les risques de dérapage. Le conducteur doit éviter d'accélérer ou de ralentir trop vite et, surtout, de freiner de manière brusque. Il doit garder une plus grande distance entre son véhicule et celui qui le précède.

La pluie

Une forte pluie nuit à la capacité d'observation du conducteur. Il dispose de moins d'information pour prendre ses décisions. Les autres matières mélangées à la pluie rendent aussi la chaussée glissante et augmentent la distance de freinage. De plus, le conducteur qui ne peut voir loin devant risque d'avoir de la difficulté à garder son véhicule stable.

Sur les véhicules récents, les phares avant s'allument de façon automatique au démarrage, mais à intensité réduite. Allumez les feux de croisement pour une meilleure sécurité.

Stratégie

• Réduire sa vitesse ;

• augmenter la distance entre son véhicule et celui qui précède ;

• manœuvrer en douceur, car l'adhérence est moins bonne ;

• allumer les feux de croisement, même le jour ;

• effectuer un balayage visuel de la route plus souvent
et de manière attentive ;

• au besoin, utiliser comme guide les feux des autres véhicules
qui précèdent ;

• maintenir les essuie-glaces en bonne condition.

La brume ou le brouillard

Le brouillard empêche le conducteur d'être bien vu et lui cache en partie l'état de la route et de la circulation. Les feux de route peuvent former un écran brillant devant le véhicule et rendre la conduite encore plus difficile. La vision du conducteur peut même être réduite à quelques mètres devant le véhicule. Lorsque la visibilité devient inférieure à la distance de freinage, le conducteur risque de frapper un obstacle ou le véhicule peut être frappé par l'arrière.

SAVIEZ-VOUS QUE...?

Les phares antibrouillards doivent être placés à l'avant du véhicule sous les phares ordinaires, le plus bas possible. De plus, ils doivent être ajustés pour ne pas aveugler les autres conducteurs.

Stratégie

• Réduire sa vitesse pour être capable de s'arrêter
dans l'espace éclairé par les phares ;

- augmenter la distance entre son véhicule et celui qui est devant ;

- allumer les feux de croisement qui offrent une meilleure visibilité que les feux de route ;

- effectuer un balayage visuel de la route plus souvent et de manière attentive ;

- se guider sur les marques de la chaussée ;

- signaler un ralentissement en appuyant sur la pédale de frein par intermittence, c'est-à-dire par petits coups ;

- éviter les arrêts brusques ;

- actionner les dégivreurs et les essuie-glaces, au besoin ;

- baisser un peu l'une des vitres si elles deviennent embuées ;

- au besoin, utiliser comme guide les feux des autres véhicules qui précèdent.

Le conducteur doit toutefois éviter de se guider uniquement sur les feux du véhicule qui précède. En effet, l'autre conducteur pourrait quitter la chaussée. Il serait alors difficile de garder la bonne direction.

Il est recommandé de ne pas circuler uniquement avec l'éclairage des phares antibrouillards lorsque l'utilisation des phares est obligatoire, par exemple, la nuit.

Rouler sur l'accotement est une manœuvre interdite. En présence de brouillard, les risques de collision avec un autre véhicule ou avec un piéton sont très élevés.

Si le brouillard est très épais, arrêtez-vous dans un endroit sûr pour attendre qu'il se dissipe et allumez les feux de détresse de votre véhicule. Il est préférable d'allumer les feux de détresse que de laisser ses feux de route allumés. En effet, cela risquerait de tromper les autres conducteurs qui pourraient croire que votre véhicule est encore sur la chaussée.

■ LES VENTS VIOLENTS OU LES DÉPLACEMENTS D'AIR OCCASIONNÉS PAR LE PASSAGE DES VÉHICULES LOURDS

Le vent, les rafales, les bourrasques qui soufflent de côté et le déplacement d'air au moment de la rencontre ou du dépassement d'un véhicule lourd peuvent nuire à la conduite et même être dangereux. Ils peuvent la rendre instable et même déplacer les petits véhicules. Il est conseillé de ralentir et de se méfier de l'effet du vent surtout :

• à l'entrée et à la sortie d'un tunnel ;

• au moment de passer sur un pont ou sous un viaduc ;

• dans une zone montagneuse.

Stratégie

• Réduire sa vitesse ;

• augmenter la distance entre son véhicule et celui qui est devant ;

- tenir fermement le volant pour garder sa trajectoire et compenser l'effet du déplacement d'air causé par la rencontre d'un véhicule lourd ;

- circuler un peu plus à droite dans la voie. Sur une autoroute, utiliser la voie la plus près de l'accotement ;

- éviter de dépasser, sauf si cela est nécessaire.

Vents latéraux   Vents latéraux

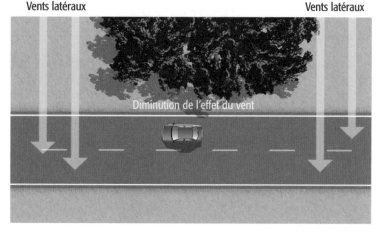

 Les véhicules dont les pneus ne sont pas assez gonflés et les amortisseurs en mauvais état, les petits véhicules et les fourgonnettes sont plus sensibles à la poussée des vents. Attention aux véhicules avec des bagages sur le toit et à ceux qui tirent une remorque.

Soyez très attentif en présence des motocyclistes et des cyclomotoristes. Ils peuvent
avoir des mouvements involontaires, car ils
sont les plus touchés par la poussée des
vents ou les déplacements d'air causés par
les véhicules lourds.

■ LES SURFACES DANGEREUSES

Les surfaces glissantes

En cas de pluie, l'eau se mêle à la poussière, à l'huile et à d'autres matières qui se sont déposées sur la chaussée lorsqu'elle était sèche. Ce mélange la rend glissante et dangereuse, surtout lorsqu'il commence à pleuvoir, alors que l'huile et les autres résidus remontent à la surface et se mêlent à l'eau. Bien qu'ils s'éliminent quelques minutes plus tard, leur concentration est quand même plus grande durant les premières minutes. C'est donc à ce moment que les pneus adhèrent le moins bien à la route. Plus la pluie est fine et peu abondante, plus il faut du temps pour que ces matières quittent la chaussée.

SAVIEZ-VOUS QUE...?

Dans certains cas, utiliser le régulateur de vitesse peut être dangereux. Par exemple:

- *dans les montées ou dans les descentes prononcées;*
- *sur les routes enneigées ou verglacées;*
- *sur le gravier ou sur n'importe quelle autre surface glissante;*
- *sur les routes tortueuses ou à grande circulation.*

Il faut aussi éviter de se servir du régulateur quand il est impossible de circuler à une vitesse régulière.

Stratégie

- Réduire sa vitesse, car les limites maximales permises sont valables uniquement dans des conditions normales;

- augmenter la distance entre son véhicule et celui qui est devant pour se réserver une distance de freinage plus longue;

- éviter les changements brusques de direction ou de vitesse qui pourraient faire déraper le véhicule.

Le risque de dérapage est plus important lorsque le véhicule est équipé de pneus larges ou de pneus qui ne sont pas assez gonflés ou usés.

Lorsqu'une pluie abondante forme des nappes d'eau à certains endroits sur la chaussée, il y a un risque d'aquaplanage. Ce phénomène se produit lorsque, pendant un moment, les pneus du véhicule n'adhèrent plus à la chaussée. Pour connaître les stratégies de contrôle du véhicule au moment d'un aquaplanage, consultez la section «Maîtriser l'aquaplanage» un peu plus loin dans ce chapitre.

Une chaussée brisée

Il est préférable de contourner un trou profond ou une bosse importante sur la route si cette manœuvre peut s'effectuer en toute sécurité. Sinon, le conducteur doit tenter de garder la maîtrise de son véhicule et de réduire les dégâts au minimum.

Stratégie

- Ralentir avant de traverser la surface brisée ;
- actionner les feux de détresse, si cela est nécessaire ;
- passer lentement sur la surface brisée, sans freiner ;
- reprendre une vitesse normale ;
- arrêter les feux de détresse.

Si le conducteur ne peut pas ralentir assez tôt avant le trou ou la bosse, il doit :

- freiner le plus possible ;
- relâcher le frein avant le trou ou la bosse ;
- désengager la transmission ;
- actionner les feux de détresse ;
- tenir fermement le volant pour traverser la surface brisée ;
- engager la transmission ;
- reprendre une vitesse normale ;
- arrêter les feux de détresse.

Cette façon de faire est plus risquée que la précédente. Il est donc préférable d'arrêter le véhicule pour l'inspecter avant de poursuivre sa route. Le conducteur doit toutefois rester à l'écoute des vibrations ou des bruits anormaux qui pourraient survenir.

Les routes de terre ou de gravier

Pour obtenir une meilleure visibilité sur des routes de terre ou de gravier, le conducteur doit suivre de loin le véhicule qui précède. S'il le suit de trop près, il risque de recevoir un caillou qui briserait le pare-brise.

■ LA CONDUITE HIVERNALE

Pour faire face à nos hivers québécois, variables et imprévisibles, il vaut mieux mettre toutes les chances de son côté. La conduite en hiver exige du conducteur une adaptation aux circonstances et une très grande anticipation.

La préparation du véhicule

Les hivers rudes ont un impact important sur la durée de vie d'un véhicule. Une bonne mise au point est nécessaire avant de commencer la saison pour vérifier :

- le fonctionnement des essuie-glaces, du système de chauffage et de dégivrage ;

- le niveau de liquide du lave-glace ;

- le liquide des freins, de la servodirection et de l'antigel ;

- l'huile à moteur et l'huile à transmission ;

- les pneus, y compris le pneu de secours ;

- les systèmes électrique et d'allumage ;

- l'état des phares, des feux de changement de direction, des feux de détresse et de l'avertisseur sonore (le klaxon) ;

- les courroies, les freins, la batterie et l'alternateur.

Lubrifiez aussi les bandes de caoutchouc qui scellent les portes et le couvercle du coffre avec un produit approprié.

Lubrifiez les serrures pour les empêcher de geler. Si cela se produit quand même, injectez un lubrifiant à base de silicone ou un liquide dégivrant. Vous pouvez aussi chauffer la clé de votre véhicule avec une allumette ou un briquet avant de l'insérer dans la serrure.

Les précautions d'usage

Les pneus d'hiver

Au Québec, il est indispensable d'équiper son véhicule de quatre pneus d'hiver plutôt que de pneus quatre-saisons. Il est prouvé qu'ils diminuent de beaucoup la distance moyenne de freinage.

Les pneus d'hiver donnent une meilleure adhérence. Les sculptures de leur semelle sont d'environ 30 % plus profondes que celles des pneus quatre-saisons. Cela a pour effet d'évacuer plus vite la neige accumulée dans les sillons. Le caoutchouc est aussi plus souple et garde toute son élasticité jusqu'à -40° C. En comparaison avec les pneus d'hiver, les pneus quatre-saisons commencent à durcir et à perdre de leur élasticité et de leur adhérence entre -8° C et -15° C.

Pour s'assurer que vos pneus sont en bon état, vérifiez la profondeur de la semelle.

Vérifiez la pression d'air des pneus chaque fois que la température extérieure se refroidit de façon considérable, par exemple, lorsqu'elle passe de 10°C à -10°C en peu de temps. Par temps froid, la pression d'air dans les pneus diminue. Cela a pour effet d'augmenter la résistance au roulement causée par la neige ou par la neige fondante. Le conducteur qui vérifie la pression de ses pneus de façon régulière peut aussi diminuer la consommation d'essence.

Le réservoir d'essence

 Par temps froid, il est conseillé de garder le réservoir d'essence plein. Cela évite la formation d'eau. Laisser le véhicule arrêté pendant plusieurs heures favorise aussi la formation d'eau dans le réservoir, surtout lorsqu'il se produit des changements importants de température.

La consommation d'essence peut augmenter de 50 % par temps froid. En effet, le moteur prend plus de temps à atteindre sa température normale de fonctionnement, c'est-à-dire la température à laquelle il est le plus efficace.

 Si le froid intense se prolonge, ajoutez de l'antigel à l'essence.

Bien voir

Avant de démarrer, le conducteur doit bien déneiger ou déglacer les vitres, le toit et le capot de son véhicule.

Choisir des essuie-glaces d'hiver et, avant de partir, les soulever pour vérifier s'ils ne sont pas gelés sur le pare-brise. Nettoyer l'espace entre le capot et le bas du pare-brise pour éviter que la glace ou la neige durcie nuisent à leur mouvement.

SAVIEZ-VOUS QUE...?

Les gicleurs de lave-glace peuvent geler pendant que le véhicule est stationné. Pour éviter que la neige fondue se transforme en glace, il faut actionner les gicleurs une à deux fois avant de couper le contact.

Attendez que vos vitres soient toutes désembuées avant de prendre la route.

Les phares et les feux

Avant de démarrer, le conducteur doit bien déneiger les phares, les feux, les réflecteurs, le hayon, le couvercle du coffre et la plaque d'immatriculation de son véhicule. Sur un long trajet, il est recommandé d'arrêter de temps en temps le véhicule pour déneiger les phares et les feux.

Sous les ailes

Il est conseillé d'enlever la neige, la glace ou la gadoue qui s'accumulent sous les ailes du véhicule. La glace qui se retrouve sous les ailes avant peut nuire au contrôle de la direction.

Les freins

Si les freins perdent leur efficacité habituelle, il suffit d'appuyer un peu sur la pédale de frein à quelques reprises pendant le trajet.

Déneiger ses chaussures permet un meilleur contact entre le pied et la pédale des freins, donc un meilleur contrôle de la direction. Si vous utilisez des journaux ou un tapis de caoutchouc, assurez-vous de ne pas bloquer les pédales. Elles doivent être faciles d'accès et bien fonctionner.

La mise en mouvement du véhicule et la conduite en douceur

Par temps très froid, il vaut mieux laisser réchauffer le véhicule avant de prendre la route. Quelques minutes suffisent, car le moteur, la boîte de vitesses, le lubrifiant des essieux, les pneus et le système de suspension se réchauffent uniquement lorsque le véhicule se déplace. La meilleure façon de les réchauffer est de conduire le véhicule sans accélération rapide pendant les 5 premiers kilomètres ou jusqu'à ce que l'indicateur de température du moteur commence à s'élever.

Il est conseillé de consulter le manuel du propriétaire pour connaître les étapes à suivre si le véhicule a de la difficulté à démarrer par temps froid.

Le conducteur doit aussi se soucier des conditions routières. La mise en mouvement et le contrôle du véhicule peuvent être difficiles, par exemple :

- lorsque la température extérieure est près du point de congélation ;

- si une couche de glace noire ou des plaques de glace se sont formées, elles peuvent empêcher le véhicule d'avancer, surtout dans les endroits moins ensoleillés : à côté d'un bâtiment, sous des arbres, sous un pont ou un viaduc, sur les tabliers des ponts et des viaducs ;

- aux intersections où la neige est durcie par le passage des véhicules.

<u>Stratégie</u>

- Tourner le volant de façon à bien aligner les roues avant du véhicule ;

- accélérer doucement jusqu'à ce que le véhicule commence à avancer ;

- laisser revenir l'accélérateur et appuyer de nouveau plus doucement si les roues tournent à vide ;

- accélérer de façon graduelle dès que le véhicule se met en mouvement.

Avec une transmission manuelle, laissez remonter lentement la pédale d'embrayage pendant que vous appuyez doucement sur l'accélérateur. Vous pouvez aussi placer le levier de vitesses en deuxième position.

 Par temps froid, utilisez un chauffe-moteur. Il réchauffe l'huile, rend le démarrage plus facile et permet aux pièces du moteur d'atteindre plus rapidement la température maximale de fonctionnement. Cela réduit la consommation d'essence et les émissions de gaz à effet de serre.

L'huile du véhicule ne gèle pas lorsque la température chute sous 0° C, mais elle devient beaucoup plus épaisse. Comme le moteur doit alors travailler plus fort, il consomme plus d'essence.

Utilisez une minuterie pour mettre en marche le chauffe-moteur de votre véhicule deux heures avant de conduire. Cela est suffisant. Une bonne utilisation du chauffe-moteur permet de réaliser des économies d'essence de près de 10 %. Attention, ne laissez pas le chauffe-moteur en marche toute la nuit, car vous augmenterez votre facture d'électricité.

Les surfaces enneigées ou glacées

Sur une chaussée glissante, le conducteur doit être encore plus prudent. Les changements brusques de direction peuvent faire perdre la maîtrise du véhicule. Le conducteur doit demeurer très attentif dans les virages, les courbes et au moment des changements de voie. Avant de changer de direction, il doit ralentir plus que d'habitude.

Stratégie

• Ralentir en relâchant lentement l'accélérateur ;

• éviter de freiner ;

• garder les roues droites.

 Sur une surface glissante, évitez de changer brusquement de vitesse. Le passage rapide à un plus petit rapport de vitesses peut provoquer une perte de contrôle du véhicule si la vitesse n'est pas assez réduite.

Dans une côte qui monte

La technique suivante s'applique seulement si la côte est raide ou longue et si la chaussée est glissante.

Stratégie

- Accélérer le plus possible au bas de la côte tout en respectant la limite de vitesse ;

- relâcher lentement l'accélérateur si les roues motrices patinent.

Si cette technique ne fonctionne pas, il faut utiliser la transmission :

- **avec une transmission automatique :** placer le levier de vitesses à une position qui empêche le passage à un rapport supérieur en cours de montée. Par exemple, en laissant le levier de vitesses à *D*, la transmission modifierait automatiquement le rapport de vitesses ce qui pourrait empêcher de monter la côte. Il faut plutôt placer le levier de vitesses à *2*. Ainsi, la transmission ne passera pas au troisième rapport, peu importe la vitesse du véhicule ;

- **avec une transmission manuelle :** choisir un rapport de vitesses qui permet de monter la côte sans avoir à changer de vitesse.

Si une mauvaise adhérence des pneus empêche le véhicule de monter une côte enneigée, il faut alors reculer. Il importe de le faire de façon sécuritaire en tenant compte des véhicules qui suivent ou arrivent en sens inverse.

Stratégie

- **Avec une transmission automatique :** placer le levier de vitesses au point mort (*N*) ;

- **avec une transmission manuelle :** appuyer sur la pédale d'embrayage ;

- freiner pour contrôler la vitesse du véhicule ;
- reculer dans une entrée, si cela est possible, pour faire demi-tour ;
- ne jamais utiliser le frein de stationnement pendant la manœuvre.

Dans une côte qui descend

La technique qui suit permet au conducteur de garder une vitesse normale et facilite l'arrêt en cours de descente. Elle ne s'applique que si la chaussée est très glissante.

Stratégie

- Ralentir à une vitesse sécuritaire avant de descendre la côte ;
- au besoin, appuyer par intermittence sur la pédale de frein pour garder la même vitesse pendant toute la descente.

Quand l'adhérence des pneus est faible, faire révolutionner le moteur en passant à un plus petit rapport de vitesses risque de bloquer les roues motrices. Vous pourriez perdre le contrôle si votre véhicule est à traction, ou faire un tête-à-queue s'il est à propulsion.

Le freinage et l'immobilisation

Une surface enneigée ou glacée exige une plus grande distance de freinage qu'une surface sèche. Le conducteur doit surtout se méfier de la glace noire qui ressemble souvent à une surface mouillée. Il doit garder plus d'espace devant son véhicule.

Stratégie

* Relâcher lentement l'accélérateur, laisser le véhicule avancer sur l'élan et laisser le moteur freiner naturellement le véhicule ;

* avec une transmission manuelle, éviter de passer à un plus petit rapport de vitesses tant que la vitesse n'est pas assez réduite ;

* freiner lentement ;

* si une roue se bloque, relâcher un instant la pédale de frein, puis freiner de nouveau.

Lorsque le moteur est froid et que le véhicule roule à basse vitesse sur une chaussée glissante, le conducteur peut placer le levier de vitesses au point mort (*N*) juste avant d'arrêter. Cette stratégie lui permettra de maîtriser plus facilement le freinage.

Le freinage d'urgence

Lorsque le conducteur doit freiner sur une courte distance, il doit garder le contrôle de son véhicule.

Stratégie

Avec une transmission automatique, sélectionner le point mort (*N*) sur le levier de vitesses ou, avec une transmission manuelle, appuyer sur la pédale d'embrayage ;

* appuyer à répétition sur la pédale de frein, c'est-à-dire appuyer sur les freins pour bloquer et débloquer en même temps les quatre roues. Si le véhicule est équipé de freins antiblocage (ABS), freiner à fond et laisser le système ABS faire le travail de blocage et de déblocage des roues.

Freiner trop vite provoque le même effet qu'un blocage. Si les roues restent bloquées, vous risquez de perdre le contrôle du véhicule et de déraper.

Le système de freinage antiblocage (ABS)

Ce système, qui empêche les roues de se bloquer, assure une meilleure maîtrise du véhicule. Toutefois, le conducteur doit éviter d'appuyer souvent sur la pédale de frein, car la distance d'arrêt sera beaucoup plus longue. Il doit plutôt garder une pression ferme et régulière sur la pédale de frein pour éviter le dérapage et conserver le contrôle du véhicule.

Pour un freinage d'urgence, le conducteur doit appuyer à fond sur la pédale de frein et la tenir fermement enfoncée. Il est normal d'entendre des bruits et de sentir les vibrations du système antiblocage qui fait son travail.

Le stationnement

Stationner son véhicule de façon à pouvoir quitter l'espace de stationnement en marche avant assure une meilleure visibilité au conducteur. Cela lui permet aussi de s'engager sur la route sans devoir s'arrêter au centre de la rue.

Si le véhicule est stationné dans un garage ou un abri, placer le véhicule de façon à pouvoir quitter l'espace de stationnement en reculant. Cela évite au gaz d'échappement de s'accumuler dans le garage ou dans l'abri, ce qui pourrait être dommageable, même dangereux pour la santé.

En raison du risque d'asphyxie, ne laissez jamais tourner le moteur dans un endroit fermé.

L'enlisement

Il existe différentes façons de faire rouler un véhicule pris dans la neige.

<u>Stratégie</u>

- Dégager les roues motrices avec une pelle ;

- avant de faire rouler le véhicule, tourner les roues avant d'un côté puis de l'autre pour enlever la neige ;

- tourner le volant de façon à bien aligner les roues avant du véhicule et accélérer lentement ;

- éviter de faire patiner les roues. Cela forme de la glace ou creuse des trous qui deviennent de plus en plus profonds ;

- au besoin, appliquer la technique du balancement (va-et-vient) en maintenant les roues avant bien droites (technique présentée à la page suivante) ;

- éviter que le moteur s'emballe. Cela risque de briser la transmission ;

- au besoin, utiliser les plaques antidérapantes en évitant qu'elles soient projetées.

Avec les roues libres

Cette méthode permet au conducteur de sortir d'un enlisement sans l'aide des plaques antidérapantes.

Stratégie

- Engager la transmission en marche avant ou arrière, selon le cas ;

- accélérer lentement pour que les roues patinent le moins possible. Se rappeler qu'il faut éviter de faire tourner longtemps une roue à vide. Les constructeurs automobiles conseillent de ne pas dépasser 55 km/h à l'indicateur de vitesse.

Le conducteur doit tenter une autre méthode si celle-ci ne fonctionne pas après quelques courts essais.

Technique du balancement

Cette méthode consiste en un mouvement de va-et-vient.

Stratégie

- Tourner le volant de façon à aligner les roues avant du véhicule dans la même position que les roues arrière ;

- engager la transmission en marche avant ;

- accélérer lentement pour éviter de faire patiner les roues ou d'emballer le moteur ;

- freiner dès que le véhicule cesse d'avancer ;
- engager la transmission en marche arrière ;
- accélérer lentement ;
- freiner dès que le véhicule cesse de reculer ;
- au besoin, recommencer ;
- pelleter pour enlever la neige accumulée près des roues.

Les plaques antidérapantes

Pour éviter que les plaques antidérapantes soient projetées, chacune des roues du véhicule doit reposer sur le sol.

Stratégie

- Tourner le volant de façon à placer les roues avant du véhicule dans la même position que les roues arrière ;
- placer une plaque antidérapante en contact avec chaque roue motrice. La placer devant pour faire avancer le véhicule, ou derrière, pour reculer ;
- éloigner les personnes du véhicule au cas où une plaque serait projetée ;
- engager la transmission en marche avant ou arrière, selon le cas ;
- accélérer lentement jusqu'à un endroit dégagé ;
- au besoin, recommencer ;
- ne pas oublier de récupérer les plaques antidérapantes.

Si vous n'avez pas de plaques antidérapantes, mettez du sable ou du sel sur le sol pour favoriser l'adhérence des pneus.

Si ces méthodes ne fonctionnent pas, le conducteur doit envisager un remorquage.

Dans une tempête de neige

Un conducteur pris dans une tempête de neige doit :

- immobiliser son véhicule dans un endroit sécuritaire ;
- mettre les feux de détresse ;
- installer des fusées de détresse ou des dispositifs lumineux, à environ 30 mètres à l'avant et à l'arrière du véhicule ;
- éviter de sortir du véhicule, rester calme et attendre les secours ;
- éviter de s'exposer au froid et de s'épuiser ;
- faire fonctionner le moteur et le système de chauffage, 10 minutes à chaque heure, en s'assurant que les feux de détresse et le tuyau d'échappement sont bien dégagés ;
- lorsque le moteur est en marche, baisser un peu une vitre pour éviter l'asphyxie par l'oxyde de carbone. Ce gaz est difficile à détecter parce qu'il ne dégage aucune odeur et n'a pas de couleur. Lorsqu'il est respiré, il peut entraîner la mort ;

- se protéger avec une couverture pour éviter l'hypothermie, c'est-à-dire une baisse de la température du corps au-dessous de sa température normale.

En cas de panne prolongée, bougez pour éviter de vous endormir. Le sommeil et le froid intense peuvent entraîner la mort.

LES SITUATIONS D'URGENCE

Un jour ou l'autre, un conducteur, même prévoyant, fera face à une situation d'urgence. Il lui faudra alors plus que la maîtrise des manœuvres pour s'en sortir. Il devra non seulement faire appel rapidement à ses habiletés techniques, mais aussi à ses connaissances et à son jugement de même qu'à son habileté à voir et à prévoir. Il doit donc être préparé à réagir vite et bien.

Par exemple, le conducteur fatigué prendra plus de temps à évaluer la situation et réagira moins bien que s'il était reposé. Tout comme celui qui a de la difficulté à maîtriser la technique du freinage réagira avec moins d'efficacité face à ces situations.

Il existe des stratégies pour faire face aux situations d'urgence les plus fréquentes comme les problèmes mécaniques, les obstacles et les manœuvres complexes. Pour développer des automatismes indispensables le moment venu, le conducteur doit :

- reconnaître les situations d'urgence ;

- connaître les stratégies de base
  pour ne pas être pris au dépourvu ;

- maîtriser les techniques de conduite.

Ainsi, le temps de réaction pourrait être plus court et permettre au conducteur d'éviter une collision et même des blessures.

> **Dans toutes les situations qui demandent de changer de direction ou qui comportent un risque de collision, le conducteur doit effectuer les manœuvres de base suivantes :**
>
> • **regarder dans les rétroviseurs ;**
>
> • **vérifier les angles morts ;**
>
> • **signaler ses intentions.**
>
> **Il peut aussi utiliser les feux de détresse pour rendre son véhicule visible des autres usagers de la route.**
>
> **Ces manœuvres de base sont obligatoires même si, pour alléger le texte, elles ne sont pas décrites dans chacune des stratégies qui suivent.**

▓ LES PROBLÈMES MÉCANIQUES

PROBLÈMES MÉCANIQUES	STRATÉGIE
Au démarrage	• Éviter d'actionner le démarreur trop longtemps pour ne pas affaiblir la batterie. Avec un système à injection électronique, maintenir la clé à la position *On* pour éviter de noyer le moteur ;
	• effectuer des tentatives de démarrage durant 10 secondes et attendre au moins 15 secondes entre chaque essai pour éviter la surchauffe du démarreur.

PROBLÈMES MÉCANIQUES	STRATÉGIE
Le moteur étouffe pendant la conduite	• Désengager la transmission en la mettant au point mort (*N*) ; • actionner une ou deux fois le démarreur en s'assurant que la clé reste à *On* ou à *Start* ; • s'assurer que la clé ne se trouve pas dans une autre position, par exemple à *Lock*, sinon le volant se verrouillera et il y aura risque de perdre la maîtrise du véhicule. Il est préférable de se ranger sur l'accotement et de procéder avec calme au lieu d'essayer, pendant que le véhicule roule, de remettre le moteur en marche. *Si le moteur se remet en marche pendant que le véhicule roule sur l'élan :* • réengager la transmission. Avec une transmission manuelle, il peut être nécessaire de passer à un rapport de vitesses inférieur si la vitesse du véhicule a assez diminué ; • accélérer, si cela est nécessaire. *Si le moteur ne redémarre pas :* • s'attendre à ce que le volant et la pédale de frein d'un véhicule équipé d'une servodirection et d'un servofrein soient difficiles à actionner. *Si les tentatives de redémarrage ne fonctionnent pas :* • se diriger vers le bord de la route avec l'élan du véhicule.

PROBLÈMES MÉCANIQUES	STRATÉGIE
L'accélérateur se bloque	• Continuer de regarder la route ; • donner des coups secs avec le pied sur l'accélérateur ; • tenter de le relever avec le bout du pied ; • freiner, puis désengager la transmission en la mettant au point mort (*N*) pour arrêter le véhicule ; • freiner de nouveau, au besoin ; • se diriger vers le bord de la route et s'arrêter dès que cela est possible. Pour éviter de briser le moteur, couper le contact dès que le véhicule est arrêté. S'il est impossible d'immobiliser le véhicule, tourner la clé de contact à *Off*. Le moteur sera aussitôt coupé, mais le volant et le frein ne seront pas verrouillés. *Si l'accélérateur accroche ou semble plus difficile à enfoncer qu'à l'habitude :* • le faire vérifier et réparer le plus vite possible pour éviter de se retrouver dans une situation dangereuse.
Le capot se soulève pendant la conduite	• Se pencher vers le bas du pare-brise pour voir la route ; *ou* • pencher la tête vers la porte pour voir dans l'espace à gauche du capot ;

PROBLÈMES MÉCANIQUES	STRATÉGIE
	• freiner et se diriger vers le bord de la route pour s'arrêter. *Si le mécanisme de verrouillage est défectueux, avant de prendre la route :* • fixer le capot avec une corde ou une broche ; • se rendre à basse vitesse jusqu'au garage le plus près tout en s'assurant que le capot demeure fermé.
La direction se brise	• Tenir avec fermeté le volant ; • freiner et se diriger vers le bord de la route pour s'arrêter. Lorsque le système de servodirection est brisé, la force nécessaire pour tourner les roues est proportionnelle au poids du véhicule. Donc, plus le véhicule est lourd, plus le volant sera difficile à tourner. Aussi, plus la vitesse est basse, plus le volant sera difficile à tourner. *Si le système de servodirection de votre véhicule est brisé et qu'il est possible de tourner le volant :* • se rendre lentement jusqu'à un garage. *Si vous ne maîtrisez plus le véhicule :* • freiner pour l'immobiliser sur le bord de la chaussée.
Les essuie-glaces cessent de fonctionner	• Essayer de les remettre en marche en changeant la position du commutateur des essuie-glaces à quelques reprises ; • freiner et se diriger vers le bord de la route pour s'arrêter ; • vérifier les fusibles. S'il est impossible de faire la réparation sur place et que la pluie ou la neige continue, il est préférable de faire remorquer le véhicule.

PROBLÈMES MÉCANIQUES	STRATÉGIE
Les freins ne répondent plus pendant la conduite	• Enfoncer et relâcher la pédale de frein à quelques reprises sans bloquer les roues ; • activer les feux de détresse pour avertir les autres usagers ; • actionner de façon progressive le frein de stationnement sans bloquer les roues et en gardant le mécanisme déverrouillé : - **frein à pédale :** tirer la poignée « *Brake* » et la maintenir ; - **frein à main :** maintenir le bouton de déverrouillage enfoncé avec le pouce ; - **frein à glissière :** tourner la manette et la maintenir dans cette position ; • s'arrêter au bord de la route. *Si le frein de stationnement ne fonctionne plus :* • regarder s'il y a un espace où le véhicule peut être dirigé pour ralentir, par exemple, sur l'accotement ou sur l'herbe ; • rechercher des obstacles comme les arbustes, les bancs de neige et les bordures de la chaussée pour arrêter le véhicule.
Les phares s'éteignent	• Garder le véhicule dans sa voie ; • actionner tout de suite les feux de détresse pour rendre le véhicule visible des autres usagers ; • au besoin, utiliser l'avertisseur sonore (klaxon) ; • ralentir plus ou moins vite selon ce qu'il est possible de voir devant son véhicule ; • chercher des repères, c'est-à-dire des objets ou des marques sur la chaussée pour s'orienter ;

PROBLÈMES MÉCANIQUES	STRATÉGIE
	• actionner le commutateur des feux de route à quelques reprises pour tenter de les rallumer ;
	• actionner le commutateur des phares si l'éclairage n'est pas rétabli.
	Si les phares se rallument :
	• reprendre sa vitesse normale ;
	• s'arrêter dans un endroit sécuritaire pour vérifier la cause du problème.
	Si les phares restent éteints :
	• se diriger vers le bord de la route et s'arrêter, dès que cela est possible ;
	• s'arrêter le plus loin possible de la circulation s'il est impossible d'activer les feux de détresse ou de placer des fusées éclairantes.
Le tuyau d'échappement se brise	Un système d'échappement qui se défait peut briser un véhicule et devenir un obstacle dangereux pour les autres conducteurs. Si cela se produit, il faut :
	• diminuer de façon graduelle la vitesse du véhicule ;
	• diriger lentement le véhicule au bord de la route pour éviter que le tuyau pique dans le sol sur un accotement en mauvais état ou non asphalté ;
	• s'arrêter et enlever la partie brisée ou la fixer avec solidité. Attention au tuyau qui risque d'être très chaud ;
	• le faire réparer dès que cela est possible.

PROBLÈMES MÉCANIQUES	STRATÉGIE
Le pneu ou la roue se brise subitement	Dans ces situations, il peut devenir très difficile de conserver la maîtrise du véhicule. Il faut alors : • tenir avec fermeté le volant ; • garder une vitesse constante et ne pas freiner tant que le véhicule n'est pas contrôlé ; • relâcher de façon graduelle l'accélérateur ; • freiner doucement lorsque la vitesse du véhicule est peu élevée ; • se diriger sur le bord de la route dès que possible et s'arrêter.
Circuler avec une roue de secours à la suite d'une crevaison	Si cette roue est conçue seulement pour dépanner, il faut se référer au manuel du propriétaire pour en connaître le mode d'emploi. Comme cette roue est plus petite que les autres, il est conseillé de : • ne pas surcharger le véhicule ; • circuler sans tirer de remorque ; • circuler à une vitesse maximale de 80 km/h ; • ne pas faire de changements brusques de vitesse et de direction ; • vérifier l'espace libre sous le véhicule en terrain inégal ; • poser un pneu régulier le plus tôt possible.

▪ LES OBSTACLES

Les animaux

Dans les secteurs boisés, des panneaux annoncent la présence d'animaux sauvages. Ces animaux peuvent surgir sur la route, couper le passage aux véhicules et parfois causer de graves accidents. Le conducteur doit toujours faire attention, surtout la nuit, car ils sont attirés par les phares des véhicules.

> **SAVIEZ-VOUS QUE...?**
>
> *Chaque année, plus de 7 000 accidents de la route sont causés par des cerfs de Virginie (chevreuils), des orignaux, des caribous et des ours noirs.*

Les orignaux, les chevreuils et les caribous sont dangereux à cause de leur taille. Si un chevreuil traverse la route, il faut se méfier. Il «voyage» rarement seul. Les petits animaux peuvent aussi causer un accident, car ils peuvent surprendre le conducteur et lui faire perdre la maîtrise de son véhicule.

Dans un secteur à risque

Stratégie

- Porter une attention spéciale aux panneaux de signalisation qui indiquent la présence d'animaux ;

- rester attentif, surtout le long des routes boisées ;

- redoubler de prudence aux endroits où la visibilité est réduite à cause d'une courbe, d'une côte ou de l'épaisseur de la végétation en bordure de la route ;

- redoubler de prudence tôt le matin, à la tombée du jour et en soirée, en particulier pendant les mois suivants : mai, juin, octobre et novembre.

En présence d'animaux sur la route

Stratégie

- Ralentir et appuyer sur les freins à quelques reprises pour attirer l'attention des conducteurs qui suivent ;
- klaxonner, cela pourrait les faire fuir et les éloigner de la route ;
- ne pas se fier à certains gadgets, par exemple, le sifflet à chevreuil. Ces équipements n'ont pas fait leurs preuves.

Les obstacles sur la chaussée

Devant un tuyau d'échappement ou une branche en travers de la route, le conducteur doit évaluer rapidement la situation et décider s'il est préférable de franchir ou de contourner l'objet.

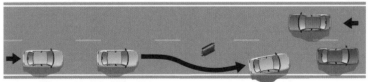

Ralentissement   Relâchement partiel des freins   Contournement

Pour contourner l'obstacle, le conducteur doit :

- freiner pour ralentir le véhicule le plus possible ;
- chercher une autre trajectoire de rechange ;

- repérer un endroit où diriger le véhicule;
- relâcher un peu la pédale de frein pour éviter que les roues se bloquent;
- tourner le volant pour diriger le véhicule dans la trajectoire choisie.

Au moment de changer de trajectoire, il est possible que le véhicule dérape. Le conducteur doit alors bien maîtriser le dérapage avant de changer à nouveau de trajectoire ou d'arrêter le véhicule.

■ LES MANŒUVRES COMPLEXES

Freiner d'urgence

Le freinage d'urgence, aussi appelé «freinage au seuil», est une technique reconnue pour son efficacité, mais qui demande de la pratique. Cette technique s'utilise uniquement avec un véhicule sans freins antiblocage (ABS).

Stratégie

- Placer le pied sur la pédale de frein aussitôt que la décision de freiner est prise;
- appuyer sur la pédale de frein aussi fort que possible sans toutefois bloquer les roues;
- relâcher lentement la pression sur la pédale de frein pendant que le véhicule ralentit pour se maintenir au point limite, c'est-à-dire juste avant que les roues se bloquent;
- si les roues se bloquent, relâcher un peu mais vite la pédale de frein pour éviter de perdre la maîtrise du véhicule;

- une fois le véhicule arrêté, appuyer plus fort sur la pédale de frein pour s'assurer qu'il ne bouge plus.

Maintenir les freins en bon état est essentiel pour la sécurité. Cela permet aussi de faire des économies d'essence. Les freins usés peuvent « coller », c'est-à-dire qu'ils peuvent ne pas se désengager au complet lorsque le pied est retiré de la pédale de frein. Cela demande alors au véhicule de travailler plus fort et de consommer plus d'essence.

Se déplacer sur l'accotement avec deux roues

Lorsque le conducteur est dans une situation où deux roues du véhicule se retrouvent sur l'accotement, il doit réagir vite.

Stratégie

- Tenir avec fermeté le volant, car le véhicule pourrait tourner ou zigzaguer si l'accotement n'est pas au même niveau que la chaussée ou s'il n'est pas pavé ;

- ramener le véhicule en parallèle avec la chaussée, c'est-à-dire en ligne droite ;

- relâcher lentement l'accélérateur ;

- laisser ralentir le véhicule sans freiner ;

- tourner le volant vers le centre de la route. Si les roues ne sont pas retenues au rebord de la chaussée, le véhicule y reviendra sans problème ;

- tourner le volant dans l'autre direction dès que la roue avant revient sur la chaussée. Il faut ramener le véhicule dans la voie sans déborder sur la voie d'à côté ;

- accélérer pour reprendre une vitesse normale.

Maîtriser un dérapage

Pour éviter de déraper, par exemple lorsqu'il pleut, il faut ralentir dès les premières minutes d'une averse, car les résidus accumulés rendent la chaussée glissante. La vitesse excessive et les manœuvres brusques sont aussi des causes de dérapage.

▨ EN CAS DE DÉRAPAGE DE L'AVANT OU DE L'ARRIÈRE DU VÉHICULE

CONTEXTE DU DÉRAPAGE	CAUSE	STRATÉGIE
Roues avant	Accélération	• Tourner tout de suite le volant dans la direction voulue dès que le dérapage est perçu. Cette manœuvre rapide permet de rétablir l'adhérence des pneus à la chaussée ;

CONTEXTE DU DÉRAPAGE	CAUSE	STRATÉGIE
		• relâcher l'accélérateur jusqu'à ce que les pneus adhèrent de nouveau à la route. Il peut arriver que les pneus perdent le contact avec la chaussée sans que la direction change. C'est le cas, entre autres, de l'aquaplanage (voir section suivante) ; • au besoin, appuyer lentement sur l'accélérateur.
Roues avant	Freinage	• Tourner le volant dans la direction voulue ; • relâcher le frein ; • pour ralentir, freiner de nouveau sans trop appuyer sur la pédale de frein pour éviter que les roues se bloquent.
Roues arrière d'un véhicule à traction avant	Freinage	• Tourner le volant dans la direction voulue ; • relâcher le frein pour reprendre le contrôle.
Roues arrière d'un véhicule à propulsion	Accélération	• Relâcher lentement l'accélérateur jusqu'à ce que les roues adhèrent de nouveau à la route.
Roues arrière	Freinage	• Tourner le volant dans la direction voulue ; • relâcher le frein ; • pour ralentir, freiner de nouveau sans trop appuyer sur la pédale pour éviter que les roues se bloquent.

CONTEXTE DU DÉRAPAGE	CAUSE	STRATÉGIE
Quatre roues	Freinage	• Tourner le volant dans la direction voulue ; • relâcher le frein ; • pour ralentir, freiner de nouveau sans trop appuyer sur la pédale de frein pour éviter que les roues se bloquent.

Si le conducteur perd la maîtrise de la direction parce que le véhicule dérape et se met à tourner sur lui-même, il n'y a qu'une solution : appuyer à fond sur la pédale de frein en tenant le volant. Même s'il tourne sur lui-même, le véhicule poursuivra une trajectoire en ligne droite et finira par arrêter.

Maîtriser l'aquaplanage

Lorsqu'il pleut beaucoup, des nappes d'eau peuvent se former sur la chaussée et causer de l'aquaplanage. Ce phénomène se produit lorsque, pendant un moment, les pneus n'adhèrent plus à la chaussée et flottent sur l'eau parce que les rainures ou les sillons des pneus n'arrivent plus à évacuer l'excès d'eau. Le conducteur peut alors perdre le contrôle de la direction et des freins de son véhicule. Une vitesse trop élevée et des pneus usés ou qui ne sont pas assez gonflés peuvent aussi causer cette perte de contrôle.

Moins de 50 km/h   50 à 80 km/h   Plus de 80 km/h

Avec un véhicule à traction avant, le moteur risque de s'emballer et l'avant du véhicule peut se diriger tout à coup vers un côté de la chaussée.

<u>Stratégie</u>

* Relâcher sans tarder, mais lentement, la pédale d'accélération ;

* garder les deux mains sur le volant en le tournant dans la direction voulue.

Avec un véhicule à propulsion, le conducteur peut avoir de la difficulté à percevoir l'aquaplanage puisque la motricité vient des roues arrière. En cas de doute, il est conseillé de ralentir et de garder les deux mains sur le volant.

Traverser une mare d'eau

Le conducteur doit être prudent au moment de traverser une mare d'eau. Le niveau d'eau peut être haut et la mare peut cacher un trou profond. Il est préférable de la contourner, si cela est possible et sécuritaire.

<u>Stratégie</u>

* Ralentir avant de traverser la mare ;

* engager la transmission en première vitesse, en général *(1)* ou *(L)*, sur une transmission automatique ;

* traverser lentement la mare ;

* assécher les freins en appuyant un peu sur la pédale de frein avec le pied gauche pendant que le pied droit appuie sur l'accélérateur ;

* reprendre une vitesse normale ;

* replacer le levier de vitesses à *(D)* si la transmission est automatique.

Lorsque le conducteur ne peut pas assez ralentir avant la mare, il doit effectuer un **arrêt d'urgence**. Cette manœuvre est cependant plus risquée que la précédente.

Stratégie

- Relâcher le frein avant d'atteindre la mare ;

- désengager la transmission, c'est-à-dire la placer au point neutre (*N*) pour laisser le véhicule avancer sur son élan ;

- tenir fermement le volant et ne pas freiner pour éviter de perdre le contrôle du volant ;

- actionner les essuie-glaces pour traverser la mare ;

- tourner lentement le volant pour corriger la trajectoire du véhicule dans la mare ;

- une fois sorti de la mare, engager la transmission en première vitesse, en général (*1*) ou (*L*), sur une transmission automatique ;

- assécher les freins en appuyant un peu sur la pédale de frein avec le pied gauche pendant que le pied droit appuie sur l'accélérateur ;

- reprendre une vitesse normale.

■ LES SITUATIONS IMPRÉVISIBLES

Un feu se déclare dans le véhicule

Stratégie

- Diriger le véhicule vers le bord de la route ;

- stationner le véhicule loin de la foule ou d'un bâtiment ;

- couper le contact du moteur et quitter le véhicule
  dès qu'il est arrêté ;
- s'assurer que personne n'approche du véhicule en feu ;
- arrêter toute circulation près du véhicule ;
- s'éloigner à au moins 30 mètres du véhicule ;
- alerter le service des incendies le plus tôt possible.

Si le conducteur échappe une cigarette allumée ou une allumette enflammée, il doit rester concentré sur la maîtrise du véhicule. Il y a peu de risque que le feu se propage, car les fabricants automobiles utilisent des matériaux ininflammables, c'est-à-dire qui ne prennent pas feu.

Un risque de collision frontale

Cette situation prend souvent le conducteur au dépourvu. Pourtant, il doit réagir rapidement pour éviter une collision.

Stratégie

- Effectuer des appels de phares ;
- klaxonner ;
- freiner d'urgence ;
- se tenir le plus possible à droite dans sa voie ;
- chercher une trajectoire de rechange ;
- regarder vers l'endroit où il est préférable de diriger le véhicule ;
- relâcher légèrement la pédale de frein pour éviter
  que les roues se bloquent ;
- diriger son véhicule dans la trajectoire choisie.

Le conducteur peut aussi emprunter la voie de droite, se diriger sur l'accotement ou quitter la route. S'il ne peut pas éviter tous les obstacles sur sa trajectoire, il est préférable de frapper ceux qui céderont sous l'impact. Par contre, si ces obstacles sont très résistants, il doit tenter de les frapper de façon à faire ricocher le véhicule sur eux plutôt que de s'y écraser.

Un insecte dans le véhicule

Dès que le conducteur aperçoit un insecte dans son véhicule, il doit abaisser la vitre de côté pour qu'il soit poussé vers l'arrière par le vent. Si le véhicule a des vitres électriques, il suffit de toutes les ouvrir. Cela aidera l'insecte à sortir. Si l'insecte reste dans le véhicule, il faut alors se ranger au bord de la route et ouvrir toutes les portes pour qu'il sorte.

Un véhicule en contact avec des fils électriques

Un véhicule qui entre en contact avec des fils électriques est rare. Mais lorsque cette situation arrive au conducteur, il doit effectuer des actions particulières.

Stratégie

- Arrêter tout de suite son véhicule et rester à l'intérieur ;

- s'il faut quitter le véhicule, le faire en sautant pour éviter d'être en même temps en contact avec le véhicule et avec le sol ;

- éviter de toucher les fils qui pendent ou qui sont sur le sol ;

- demander l'aide du service d'urgence ;

- interdire aux personnes d'approcher le véhicule, à l'exception des secouristes qualifiés.

Un véhicule immergé

Un véhicule immergé est un véhicule qui se retrouve dans un cours d'eau dont la profondeur dépasse sa hauteur. Il flotte d'abord un certain temps, puis cale peu à peu.

Stratégie

- Détacher sa ceinture de sécurité ;

- descendre la vitre de la portière ou actionner le toit ouvrant. Si cela est impossible, ouvrir la portière quand l'eau a assez pénétré dans le véhicule ;

- sortir du véhicule.

Même si le véhicule est immergé au complet, il se crée une réserve d'air qui permet de respirer pendant un certain temps lorsque les vitres sont fermées.

Le conducteur et les passagers qui quittent le véhicule pendant qu'il flotte doivent s'en éloigner vite pour éviter d'être entraîné par le remous qu'il va faire en calant.

En cas de panne

Il arrive souvent qu'aucun indice n'annonce une panne. Il faut alors agir en pensant à sa sécurité et à celle des autres.

Stratégie

- Ralentir son véhicule en évitant toute manœuvre brusque. Se ranger sur l'accotement ou le plus à droite possible sur le bord de la route ;

- demeurer dans le véhicule en attendant l'arrivée des secours et actionner les feux de détresse ;

- s'il y a risque de collision, quitter le véhicule, soulever le capot et se diriger vers un endroit sécuritaire ;

- allumer les fusées de détresse pour être plus visible des autres usagers, surtout dans une côte ou dans une courbe. Au besoin, demander à des personnes d'agir comme signaleurs.

Sur un pont ou sur une autoroute, demeurez dans le véhicule, actionnez les feux de détresse et attendez l'arrivée des secours. En général, les services d'urgence sont avisés assez vite. Par contre, si vous avez un cellulaire, communiquez avec les services d'urgence.

Le conducteur qui quitte les lieux du véhicule en panne doit :

- verrouiller les portières et cacher les objets de valeur dans le coffre arrière, pour éviter le vol ;

- sur une route sans trottoir, marcher face à la circulation.

En cas de panne sur une voie ferrée

En cas de panne sur une voie ferrée, le conducteur doit tout de suite vérifier si un train approche. Si c'est le cas, il doit s'éloigner du véhicule avec les passagers à au moins 30 mètres de la voie ferrée.

S'il n'y a pas de train

- Déplacer le véhicule avec l'aide d'autres personnes, si cela est possible ;

- si le véhicule est à transmission manuelle, actionner le démarreur pendant que la transmission est engagée en première vitesse ou en marche arrière pour le déplacer de quelques mètres ;

- actionner les feux de détresse, installer des fusées de détresse ou placer des dispositifs lumineux.

S'il est impossible de déplacer le véhicule

- Soulever le capot ;

- communiquer rapidement avec les services de dépannage ;

- attendre en lieu sûr l'arrivée des secours.

Prévenir la panne

En plus de la vérification périodique, le conducteur doit être attentif aux bruits et aux comportements inhabituels de son véhicule. Certains indices peuvent être détectés par les trois sens suivants : la vue, l'ouïe et l'odorat.

Avec la vue, il peut remarquer :

- une fuite de liquide à l'endroit où le véhicule était stationné ;

- un témoin lumineux allumé sur le tableau de bord ;

- une fumée anormale qui sort du tuyau d'échappement ;

- l'aiguille de l'indicateur d'essence qui montre une consommation d'essence plus élevée que d'habitude.

Avec l'ouïe, il peut entendre un bruit métallique ou inhabituel :

• quand les roues tournent ou lorsqu'il freine ;

• qui provient du moteur.

Avec l'odorat, il peut sentir une odeur d'huile ou de brûlé.

Il peut aussi constater :

• que le véhicule tire plus à gauche ou plus à droite ;

• que l'embrayage est difficile ou qu'un rapport de vitesses ne s'engage pas comme d'habitude ;

• que le démarrage est difficile ;

• que le moteur semble vouloir caler ;

• que le système de chauffage est moins efficace.

■ EN CAS D'ACCIDENT

Un conducteur impliqué dans un accident doit rester sur les lieux et prendre les mesures de sécurité appropriées. Lorsque l'accrochage n'a causé que des dégâts matériels mineurs, il doit dégager la voie et remplir un constat amiable.

Le conducteur doit aussi prévenir le service d'urgence ou le service de police :

• dès qu'il y a des blessés ;

• s'il s'agit d'un délit de fuite ;

• en cas de doute sur les circonstances de la collision.

S'il n'est pas blessé et qu'il n'y a aucun danger pour sa vie, le conducteur doit porter assistance aux victimes en attendant que les secours arrivent. Si les lieux ne sont pas sécuritaires, par exemple, s'il y a de l'essence, un incendie ou un fil électrique près du véhicule, il est préférable de ne pas intervenir auprès des victimes et d'attendre l'arrivée des secours.

S'il intervient, le conducteur doit avant tout rester calme et :

• protéger les victimes ;

• appeler les secours ;

• porter assistance.

Protéger les victimes

Pour éviter que l'accident devienne plus grave, le conducteur doit :

• couper le contact des véhicules accidentés ;

• engager le frein de stationnement ;

• vérifier l'état des victimes : Sont-elles conscientes ? Respirent-elles ?

• éviter de fumer sur les lieux de l'accident pour réduire le risque d'incendie ;

• arrêter la circulation, si cela est nécessaire ;

• placer sur les lieux de l'accident des fusées de détresse, dans les deux directions. Au besoin, demander à des personnes d'agir comme signaleurs ;

• la nuit, utiliser une lampe de poche et éclairer les véhicules accidentés avec les phares d'un véhicule stationné de façon perpendiculaire, c'est-à-dire qui fait un angle droit avec la route.

S'il y a un incendie, dirigez le jet de l'extincteur vers la base des flammes. Si vous n'avez pas d'extincteur, utilisez de la terre, du sable ou une couverture. Évitez l'eau. S'il y a de l'essence, l'eau pourrait se répandre et rendre l'incendie plus grave.

Appeler les secours

Chaque minute compte pour sauver la vie d'une personne. Le conducteur doit :

- appeler le service d'urgence ou le service de police de la ville le plus vite possible ;

- fournir une description complète et détaillée de la situation en précisant :

  - la nature de l'accident ;

  - le nombre de blessés et leur état ;

  - le degré de conscience des blessés ;

  - la position des blessés dans le véhicule ou à l'extérieur en mentionnant si certains sont prisonniers à l'intérieur ;

  - le nombre de véhicules impliqués ;

  - l'endroit précis de l'accident en se référant aux panneaux et aux intersections ;

  - les facteurs qui risquent de rendre la situation plus grave. Par exemple, de l'essence ou des produits dangereux qui se trouvent au sol, un incendie, des fils électriques sectionnés, etc.

Porter assistance

En attendant les secours, le conducteur doit porter assistance aux blessés sans prendre le risque d'aggraver leur état. Il doit s'assurer que les autres personnes sur les lieux de l'accident agissent avec sécurité.

> **SAVIEZ-VOUS QUE...?**
>
> *Le conducteur impliqué dans un accident qui ne porte pas assistance aux blessés commet une infraction et peut recevoir une amende.*

Stratégie

- Calmer les victimes ;

- couvrir les blessés avec une couverture ou un vêtement pour les protéger ;

- ne pas donner à boire à un blessé. S'il avait des blessures internes, cela pourrait nuire ;

- ne pas retirer le casque d'un motocycliste blessé pour éviter d'aggraver ses blessures ;

- arrêter toute hémorragie, si cela est possible ;

- éviter de déplacer les blessés pour ne pas aggraver leurs blessures ;

- ne pas sortir les blessés du véhicule, sauf s'il y a du danger pour leur vie, par exemple, un risque de noyade, de nouvelle collision, d'incendie, d'éboulement ou de chute dans un ravin.

S'il faut déplacer les blessés, le conducteur doit :

- éviter de les tirer par les membres ;

- éviter toute torsion ou déformation de la colonne vertébrale.

Sur les lieux d'un accident où les secours sont déjà présents, éviter d'encombrer les lieux et circuler.

Des exercices d'apprentissage

Chapitre 5

DES EXERCICES PRATIQUES

Les exercices sur route doivent être exécutés seulement après avoir obtenu votre permis d'apprenti conducteur. Vous devez aussi être accompagné d'une personne qui est titulaire d'un permis de conduire une automobile depuis plus de deux ans.

1 Conduisez après la tombée du jour.

2 Exercez-vous dans différentes conditions climatiques.

3 En hiver, choisissez un terrain où il n'y a pas d'obstacle, par exemple, un stationnement sans véhicule. Pratiquez-vous à contrôler un dérapage à basse vitesse. Cela vous permettra de mieux comprendre la réaction du véhicule au moment d'un dérapage et de corriger sa trajectoire avec succès.

DES EXERCICES THÉORIQUES

1 Vrai ou faux

Indiquez par un X si les énoncés suivants sont vrais ou faux.

	Vrai	Faux
1. La nuit dérange peu la vision, car l'éclairage des phares compense l'absence de la lumière du jour.	☐	☐
2. Il faut utiliser les phares de route pour circuler dans le brouillard.	☐	☐
3. La nuit, diriger les yeux vers la droite de la route évite d'être ébloui au moment de croiser un autre véhicule.	☐	☐
4. La nuit, comme la portée d'éclairage des phares est limitée, circuler moins vite donne le temps d'éviter un obstacle.	☐	☐
5. Il faut passer aux phares de route à la hauteur du véhicule que l'on dépasse.	☐	☐
6. Fixer les phares des véhicules venant en sens inverse évite l'éblouissement qui nuit à la vision pendant plusieurs secondes.	☐	☐

	Vrai	Faux
7. Les premières minutes après le début de la pluie sont plus difficiles pour la conduite.	☐	☐
8. Dans le brouillard, le conducteur peut se guider uniquement sur les feux du véhicule qui est devant lui.	☐	☐
9. Une vitesse trop élevée de même que des pneus usés ou qui ne sont pas assez gonflés peuvent causer de l'aquaplanage.	☐	☐
10. Être attentif aux bruits ou aux comportements anormaux de son véhicule demande les trois sens suivants : la vue, l'ouïe et l'odorat.	☐	☐

2 **Complétez les phrases en insérant dans les espaces libres l'un des termes suivants :**

de freinage	tromper
de détresse	distraire
route	s'en éloigner
tableau de bord	

Il est recommandé à un conducteur qui circule dans un brouillard très épais et qui quitte la chaussée :

- _____ le plus possible ;

- Activer les feux _____ ;

• Ne pas laisser les feux de route allumés lorsqu'il a quitté la chaussée. Cela pourrait ————————————————— les autres conducteurs en laissant croire que le véhicule est encore sur la chaussée;

• Ne reprendre la ————————————————— que lorsque la situation se sera améliorée.

3 **Complétez les phrases suivantes avec les mots ou les groupes de mots proposés.**

après   gaz d'échappement
au complet   signaux
avant   usagers de la route
en partie

En hiver, le conducteur veille à déneiger ————————————— son véhicule ————————————— le départ pour bien voir la route. Les ————————————————— peuvent repérer plus facilement le véhicule et capter les ————————————— des phares et des feux.

4 **Quelle illustration représente la position de stationnement recommandée en hiver?**

a)   b)   c)

5 Sur une route sinueuse, vous apercevez, à l'entrée d'une courbe, un véhicule qui se dirige vers le vôtre.

Complétez les étapes suivantes.

1. Effectuer des appels de phares.

2. _____

3. Freiner d'urgence.

4. _____

5. Chercher une trajectoire de rechange.

6. _____

7. _____

8. Diriger son véhicule dans la trajectoire choisie.

6 Sur une surface glissante, nommez les trois stratégies qui assurent une conduite sécuritaire.

1. _____

2. _____

3. _____

CORRIGÉ DES EXERCICES D'APPRENTISSAGE

Exercices	Questions	Réponses	Références
1 Vrai OU Faux	1	F	p. 152
	2	F	p. 155
	3	V	p. 156
	4	V	p. 152
	5	V	p. 154
	6	F	p. 154
	7	V	p. 161
	8	F	p. 158
	9	V	p. 194
	10	V	p. 201, 202
2 Phrase à compléter		s'en éloigner	
		de détresse	p. 159
		tromper	
		route	
3 Phrase à compléter		au complet	
		avant	p. 167
		usagers de la route	
		signaux	
4 Illustration		a)	p. 175

CORRIGÉ DES EXERCICES D'APPRENTISSAGE

Exercices	Questions	Réponses	Références
5 Étapes à compléter	2	Klaxonner	
	4	Se tenir le plus possible à droite dans la voie	
	6	Regarder vers l'endroit où il est préférable de diriger le véhicule	p. 197
	7	Relâcher légèrement la pédale de frein pour éviter que les roues se bloquent	
6 Trois stratégies pour une conduite sécuritaire		Réduire sa vitesse	p. 171
		Augmenter la distance avec le véhicule devant	p. 173
		Éviter les manœuvres brusques	p. 171

LA CONDUITE PRÉVENTIVE

La conduite préventive consiste à développer une attitude positive sur la route et à adopter des comportements qui respectent les principes de sécurité routière.

Bien observer, bien évaluer, bien réagir, être courtois et collaborer sont autant d'exemples de comportements sécuritaires.

CONTRÔLER LA SITUATION

Pour être en plein contrôle de la situation, le conducteur doit bien voir et bien entendre. Il doit aussi prévenir la somnolence et la fatigue.

▓ BIEN VOIR ET BIEN ENTENDRE

Le conducteur doit pouvoir compter sur sa vue et son ouïe.

Stratégie

- Porter les verres correcteurs qui lui sont prescrits ;
- porter des verres teintés lorsque le soleil est fort ;
- effectuer le balayage visuel ;
- être attentif aux bruits inhabituels du véhicule ou de l'environnement ;
- ajuster le volume de la radio ou du lecteur de disques compacts pour pouvoir entendre ce qui se passe à l'extérieur du véhicule.

Demeurer alerte

La conduite exige une grande attention, car la vue, l'ouïe et le jugement sont toujours sollicités. Des distractions peuvent empêcher de percevoir des dangers et nuire au temps de réaction. Le conducteur doit en être conscient.

Stratégie

- Effectuer de façon régulière un balayage visuel et éviter de se concentrer sur un seul élément de l'environnement ;
- anticiper ce qui peut arriver et planifier les bonnes manœuvres ;

• informer les passagers que son attention
  doit se porter sur la route.

Éliminer les distractions

Certains conducteurs ont de la difficulté à évaluer le niveau
d'attention exigé par la conduite d'un véhicule. Au volant, il faut
éviter de boire, de manger, de fumer, de lire, de se raser, de se
maquiller, de discipliner son enfant ou de parler au téléphone
cellulaire.

Une activité devient dangereuse dès qu'elle empêche de garder
sa concentration sur la conduite automobile. Le conducteur
risque alors de ne pas percevoir un danger ou d'exécuter certaines manœuvres trop tard.

Il existe trois types de distraction qui empêchent de garder sa
concentration sur la conduite automobile :

• **la distraction physique :** une activité qui oblige le conducteur
  à ne pas garder les mains sur le volant ou à ne pas regarder
  la route ;

• **la distraction intellectuelle :** une activité qui accapare la
  pensée du conducteur et l'empêche de rester concentré sur
  la route. Par exemple, tenir une conversation ou penser à la
  liste des emplettes ;

- **la combinaison des deux :** certaines activités qui accaparent les mains du conducteur, ses yeux et sa pensée. Par exemple, lire une carte routière.

Ces distractions nuisent à la capacité de conduire. Malgré lui, le conducteur :

- réagit plus lentement aux conditions de la circulation. Par exemple, il risque de ne pas freiner à temps si un véhicule prend un virage ou s'arrête tout à coup ;

- aperçoit moins vite les situations dangereuses, comme un objet ou des débris sur la chaussée, et les réactions imprévisibles d'un piéton ou d'un cycliste ;

- diminue sa marge de sécurité par rapport aux autres usagers de la route, ce qui l'incite à prendre des risques inutiles. Par exemple, tourner à gauche alors que des véhicules viennent en sens inverse.

Le conducteur doit être très attentif. Il doit garder les mains sur le volant et les yeux sur la route. Certains trucs peuvent aussi l'aider à ne pas se laisser distraire :

- s'assurer avant le départ que les enfants sont confortables et que le dispositif de sécurité de leur siège est bien attaché. Pour éviter d'être dérangé pendant le trajet, il faut aussi leur fournir ce dont ils pourraient avoir besoin, en s'en tenant uniquement à des objets sécuritaires, par exemple, jouets souples, oreiller ou couverture ;

- éviter de fumer, de boire ou de manger pendant la conduite. Le risque de s'étouffer augmente lorsque le véhicule est en mouvement. Il faut donc s'arrêter pour permettre aux passagers et aux enfants de boire ou de manger ;

- vérifier l'itinéraire avant de partir. Il est préférable de consulter la carte routière avant de partir et non au volant ;

- éviter de s'engager dans une conversation stressante ou émotive avec un ou des passagers, car elle peut provoquer une conduite en zigzag ou agressive ;

- éviter de prendre des notes lorsque le véhicule est en mouvement. S'il faut le faire, s'immobiliser dans un endroit sûr ;

- programmer à l'avance les chaînes de radio les plus écoutées et attendre d'être arrêté pour changer le disque compact ou la cassette.

Le téléphone cellulaire

Le téléphone cellulaire peut être d'un grand secours pour demander de l'aide en cas de panne ou pour signaler un accident. Cependant, l'utiliser dans la circulation peut entraîner une perte de vigilance. La conduite automobile demande toute l'attention et la concentration du conducteur. Il doit toujours observer la route pour pouvoir réagir aux nombreux imprévus qui peuvent survenir.

Il est donc conseillé de ne pas se servir d'un téléphone au volant. C'est une importante source de distraction. Les conducteurs prudents savent que téléphoner et conduire en même temps augmente leur risque d'accident.

Pour sa sécurité et celle des autres usagers de la route, le conducteur doit :

- éteindre le téléphone avant de prendre la route et laisser la boîte vocale recevoir les appels ;

- confier le téléphone à un passager qui peut prendre et faire un appel ;

- stationner le véhicule ou se ranger sur le bord de la route de façon sécuritaire avant de prendre ou de faire un appel.

S'il est vraiment nécessaire d'utiliser le téléphone cellulaire pendant la conduite, le conducteur doit prendre les précautions suivantes :

- placer le téléphone à un endroit facile d'accès.
  Si le téléphone n'est pas facile d'accès ne pas tenter de le chercher. Laisser la messagerie vocale prendre l'appel ;

- répondre seulement si cela est possible de le faire sans danger ;

- mettre fin à la conversation si la situation l'oblige ;

- éviter les conversations téléphoniques stressantes ou qui exigent beaucoup d'attention. Ces conversations détournent trop l'attention de la conduite automobile ;

- ne pas essayer de prendre des notes ou de lire pendant l'utilisation du téléphone.

■ PRÉVENIR LA SOMNOLENCE ET LA FATIGUE

Le conducteur doit prendre la route lorsqu'il est bien reposé. Un conducteur fatigué est un danger, autant pour lui-même que pour les autres usagers de la route. La fatigue diminue la vigilance et rend plus difficile la prise de décisions. De plus, elle ralentit la coordination des mouvements. Il ne faut donc pas attendre de somnoler pour s'arrêter.

> ### SAVIEZ-VOUS QUE...?
>
> *31% des conducteurs qui souffrent de somnolence ne reconnaissent pas les premiers signes de fatigue ou les ignorent.*

Pour éviter cette situation, il faut connaître les signes qui annoncent la fatigue :

- des bâillements répétés ;

- une tendance à trop fixer la route (réduction du balayage visuel) ;

- de nombreux changements de position ;

- des picotements dans les yeux;

- la fermeture des paupières de façon involontaire;

- des périodes de microsommeil, c'est-à-dire d'une durée de trois à quatre secondes;

- de la difficulté à se concentrer, à rester attentif;

- des réactions plus lentes;

- des pertes de mémoire (aucun souvenir des derniers kilomètres parcourus);

- des hallucinations, surtout sur des routes monotones ou en présence de brouillard.

Même s'il ne ressent aucun symptôme de fatigue, le conducteur doit prendre les moyens nécessaires pour que son énergie et sa coordination demeurent à un niveau maximal.

Pour prévenir la fatigue et éviter la somnolence, le conducteur doit:

- respecter ses limites et ses besoins de sommeil;

- s'accorder une période de sommeil d'au moins huit heures avant de prendre la route pour un long trajet;

- abaisser un peu la vitre de son véhicule en cours de route et éviter de mettre le chauffage trop haut;

- manger peu et prendre des boissons non alcoolisés;

- planifier ses déplacements en tenant compte des moments où son énergie est à la baisse. Par exemple, pendant cette période, éviter de conduire lorsqu'il y a beaucoup de circulation;

- s'entraîner à reconnaître les premiers signes de fatigue et s'arrêter pour se reposer dès qu'ils apparaissent;

- éviter de conduire plus de quatre heures d'affilée et s'arrêter toutes les deux heures ;

- prendre des pauses de quelques minutes, en sortant de son véhicule pour relaxer et faire quelques exercices physiques.

Différentes formes de fatigue peuvent nuire au conducteur qui parcourt de longues distances. Par exemple, rester trop longtemps en position assise peut provoquer des engourdissements et diminuer l'attention du conducteur. La conduite de nuit ou l'éblouissement peuvent aussi causer de la fatigue visuelle. Le conducteur peut prévenir la fatigue visuelle.

Stratégie

- Diminuer l'intensité de la lumière du tableau de bord, car les contrastes lumineux augmentent la fatigue visuelle ;

- éviter de placer des objets sur le tableau de bord,
  car ils se réfléchissent dans le pare-brise et augmentent
  la fatigue visuelle ;

- nettoyer souvent le pare-brise et les rétroviseurs,
  car une bonne visibilité diminue la fatigue visuelle ;

- s'assurer que les essuie-glaces sont en bonne condition.
  En cas de pluie, il y aura beaucoup moins d'éblouissement.

 Accordez-vous un moment de repos. Cela demeure le meilleur moyen pour combattre la fatigue.

■ CONDUIRE SANS AVOIR CONSOMMÉ D'ALCOOL NI DE DROGUES

Les effets de l'alcool sont progressifs. Ils commencent dès la première consommation. L'alcool influence la capacité de conduire et augmente le risque d'avoir un accident.

> **SAVIEZ-VOUS QUE…?**
>
> *La consommation d'alcool est liée à environ 30 % des décès, à 18 % des blessés graves et à 5 % des blessés légers.*

Une personne qui n'a pas mangé ressent plus vite les effets de la consommation d'alcool. L'état psychologique d'une personne qui consomme peut aussi augmenter ces effets. Par exemple, si elle est stressée, déprimée ou fatiguée, elle risque d'être affectée après quelques verres seulement, plus vite que si elle était dans son état normal.

Certains effets de l'alcool sont trompeurs. Entre autres, ils diminuent la faculté d'évaluation. Le conducteur sera beaucoup trop confiant face à sa capacité de conduire et prendra plus de risques.

Un autre effet de la consommation d'alcool est le ralentissement des activités du cerveau, accompagné d'une perte de coordination. En effet, les gestes se font moins vite, de façon brusque et moins précise. Enfin, l'alcool a un impact sur les habiletés visuelles du conducteur pour explorer la route et son environnement.

Tout comme dans le cas de l'alcool, la consommation de drogues ou de certains médicaments, qu'ils soient prescrits ou en vente libre, influence la capacité de conduire un véhicule.

Une personne qui conduit avec les facultés affaiblies par l'alcool ou les drogues est passible de sanctions sévères entraînant la perte du permis de conduire.

Dans le cas des médicaments, le conducteur doit vérifier auprès de son médecin ou du pharmacien pour s'assurer qu'il n'y a pas d'impact sur la conduite automobile. Certains médicaments, comme ceux qui sont prescrits pour combattre l'anxiété et les allergies, ont des effets semblables à ceux de l'alcool.

Il faut lire les étiquettes sur les contenants pour connaître les effets secondaires des médicaments et leurs conséquences sur la capacité de conduire. Il existe souvent des mises en garde liées à la somnolence ou à l'excitation dont il faut tenir compte.

Il faut aussi se méfier des médicaments disponibles sans ordonnance sur les tablettes des pharmacies. Ils risquent eux aussi d'avoir des effets nuisibles sur la conduite.

Les médicaments et les drogues ont leurs propres effets sur l'organisme. Combinés avec l'alcool, ils provoquent des réactions qui diminuent la performance au volant. Ainsi, ils augmentent les risques d'avoir un accident grave.

Pour conduire, il faut être en pleine possession de ses moyens pour bien réagir à toutes les situations.

Les fausses croyances

Certains croient que l'alcool est un stimulant. Ils se trompent : c'est un agent dépresseur qui diminue les tensions et les inhibitions. Il rend plus audacieux, mais il diminue aussi les capacités. La concentration et l'attention baissent peu à peu. Les idées se brouillent et le jugement est ralenti. Comme l'alcool affecte tous les sens et les mouvements, ses effets sur la conduite d'un véhicule sont importants.

D'autres croient aussi que manger en consommant de l'alcool en élimine les effets, ce qui n'est pas le cas.

Il n'existe aucune recette miracle pour faire disparaître la présence d'alcool dans le sang. Un café fort peut donner l'impression d'avoir plus d'énergie, mais ne diminue pas le taux d'alcool.

Prendre une douche froide, marcher ou danser n'ont pas d'effet non plus. Il est vrai que la transpiration élimine une certaine partie de l'alcool, mais en quantité beaucoup trop petite pour que ce soit un moyen efficace.

Les mesures de rechange

Le conducteur qui a le goût de consommer de l'alcool avec des amis a différentes options. Il peut :

• confier ses clés à quelqu'un qui n'a pas consommé d'alcool ou de drogues ;

• désigner une personne (chauffeur désigné) qui s'engage à ne pas boire et à reconduire les autres ;

• coucher chez un ami ;

• prévoir de l'argent pour prendre un taxi ou utiliser le transport en commun ;

• faire appel à un service de raccompagnement.

Toute personne doit empêcher quelqu'un qui a trop bu de conduire et insister. Par exemple, elle peut utiliser les phrases suivantes :

- Je vais te reconduire.
- Tu peux coucher ici.
- Je garde les clés de ton auto.
- J'appelle un taxi.
- Je te rapporterai ton auto.
- J'irai te reconduire demain.

Il n'y a pas de risque à prendre, car les conséquences peuvent être tragiques.

ÊTRE COURTOIS SUR LA ROUTE

Des études montrent qu'il faut plus que des compétences pour conduire de façon sécuritaire. L'attitude ou la manière de se comporter du conducteur est aussi importante. Pour favoriser de bons rapports entre les usagers de la route, il faut adopter une attitude courtoise.

La courtoisie passe d'abord par le respect du *Code de la sécurité routière* et des règles de la circulation. Elle fait aussi appel à la politesse et au savoir-vivre des différents utilisateurs du réseau routier. La courtoisie est un comportement basé sur le respect de soi-même et des autres usagers de la route.

Pour la sécurité de chacun et une bonne convivialité sur la route, le conducteur doit éviter de prêter des intentions aux autres usagers. Il doit leur accorder le bénéfice du doute. Il doit donc considérer qu'il arrive à tout le monde d'être tendu ou nerveux dans certaines conditions et de commettre une erreur ou de faire une manœuvre maladroite. C'est peut-être le cas d'un conducteur qui ralentit parce qu'il ne connaît pas le quartier ou d'un autre qui oublie de signaler ses intentions avant d'effectuer un virage.

Des personnes peuvent aussi exécuter certaines manœuvres et avoir des comportements qui amènent le conducteur à les interpréter, à tort ou à raison, comme une marque d'impatience ou d'agressivité. Les conducteurs qui subissent ces actions ou qui en sont témoins peuvent avoir eux aussi une réaction d'impatience. Il faut donc éviter de répondre aux usagers de la route par des paroles ou des gestes irrespectueux.

Patience, **tolérance** et **courtoisie** sont des attitudes qui aident à maintenir des relations conviviales sur la route et à réduire au minimum les sources de tension et d'irritation. Elles permettent d'éviter les conflits entre les divers usagers de la route.

Pour éviter de se retrouver dans des situations de stress qui créent de l'impatience sur la route, voici quelques conseils :

- éviter de conduire dans un état de fatigue ou de tension ;
- partir assez à l'avance ;
- emprunter des routes moins achalandées ;
- écouter une musique relaxante ou un enregistrement humoristique ;
- éviter les conversations tendues avec les passagers ;
- éviter les heures de pointe ;
- circuler dans la voie de droite, sauf pour dépasser ;

- se rappeler que les fausses manœuvres des autres usagers ne sont pas toujours conscientes ni volontaires ;
- accepter le rythme de conduite des autres usagers ;
- toujours collaborer avec les autres conducteurs ;
- agir en protégeant les conducteurs moins habiles.

Soyez courtois, c'est contagieux.

SE CONCENTRER SUR LA CONDUITE

Pour se concentrer sur la conduite, le conducteur doit :

- profiter des expériences passées pour apprendre, plutôt que de répéter les mêmes erreurs. Le conducteur peut ainsi ajuster sa conduite ;
- être tolérant et patient. À un moment ou à un autre, il peut arriver à un conducteur de commettre une erreur involontaire ;
- penser à sa sécurité et à celle des autres avant tout. Cette attitude préventive aide à retrouver son calme.

Évitez de conduire lorsque vous êtes sous le coup d'émotions très fortes. Par exemple, lorsque vous avez de gros tracas ou lorsque vous ressentez de la colère, de la peine ou de la souffrance.

■ FAIRE FACE À LA PRESSION DES AUTRES

Il est fréquent que des conducteurs impatients suivent de trop près ou appuient avec énergie sur l'avertisseur sonore (le klaxon). Ces comportements créent un climat de tension et de stress sur la route. Le conducteur qui en est victime peut commettre une erreur. Par exemple, il risque de faire des manœuvres brusques et de provoquer un accident.

Il ne faut surtout pas céder à ces formes de pression. Il est plutôt conseillé de bien évaluer le risque et de faire la manœuvre la plus sécuritaire.

Si un conducteur exerce de la pression sur vous, rangez-vous à droite et laissez-le vous dépasser, si cela est possible et sécuritaire.

Le conducteur doit être attentif à l'environnement et aux conséquences de ses comportements sur les autres. Certains comportements pourraient entraîner de la frustration chez les autres usagers de la route. Par exemple :

- parler au téléphone cellulaire en conduisant peut détourner l'attention du conducteur de l'environnement ;

- circuler lentement dans la voie de gauche peut aussi amener les autres conducteurs à vouloir contourner ou à zigzaguer ;

- circuler plus lentement que les autres sur une route étroite et sinueuse risque d'impatienter les usagers qui suivent et leur faire commettre des manœuvres dangereuses.

D'autres pressions peuvent aussi venir de l'entourage du conducteur, soit par les amis, la famille et les pairs, c'est-à-dire les conducteurs du même groupe d'âge. Certaines personnes sont plus sensibles et même vulnérables à l'influence des autres. Les jeunes conducteurs, peu expérimentés, peuvent être plus susceptibles d'être influencés par ce genre de pression. L'influence des amis et des pairs est souvent plus forte que celle de la famille.

La pression des pairs peut être positive ou négative. Par exemple, le conducteur fait face à une pression positive quand une personne l'encourage à adopter des comportements sécuritaires de conduite. Il fait face à une pression est négative lorsqu'une personne l'incite à exécuter une manœuvre inappropriée ou dangereuse. Le conducteur doit pouvoir remédier à la pression négative.

Stratégie

- **Trouver le problème :** se demander si ce qui lui est proposé lui pose un problème. Si oui, de quel ordre ?
  S'agit-il d'une technique de conduite non maîtrisée ?
  Est-ce un comportement non sécuritaire ?

- **Évaluer les conséquences :** est-il mieux de perdre la maîtrise de son véhicule et de risquer de provoquer un accident ou bien de subir les plaisanteries des passagers ?

- **Identifier les options possibles :** y a-t-il d'autres options ?
  Est-il possible de faire un compromis sécuritaire ?
  Utiliser l'humour peut être un moyen pour choisir une autre option ou pour négocier un compromis.

- **Agir :** choisir l'option qui assure sa sécurité et celle des autres usagers de la route.

Prenez la route avec un groupe d'amis qui respectent vos habiletés de conduite.

▓ FAIRE FACE AUX COMPORTEMENTS IRRESPECTUEUX OU AGRESSIFS

La conduite d'un véhicule de promenade peut être différente selon les conducteurs. Pour certains :

- le véhicule devient une seconde résidence. Le conducteur se sent isolé et protégé par son véhicule. Il pense pouvoir tout faire ;

- la conduite est associée au jeu de rivalité, de compétition et de défi où le risque fait partie du jeu ;

- la conduite est une source de plaisir par les sensations qu'elle procure, par l'impression de dominer la machine, de se dépasser. Dans cette situation, le risque fait aussi partie de la conduite.

Le conducteur doit bien se connaître et comprendre que les autres conducteurs ne partagent peut-être pas sa façon d'aborder la conduite. Il doit donc s'adapter.

Les principaux irritants de la conduite recensés par la Sûreté du Québec sont liés au non-respect des règles de circulation. Ils mettent en cause un conducteur qui :

- suit un autre véhicule de trop près ou avec insistance ;

- ne cède pas le passage ou l'exige ;

- change souvent de voie ;

- ne signale pas ses intentions ;

- dépasse par la droite ou par l'accotement ;
- zigzague entre les véhicules ;
- s'arrête en double file ;
- circule avec les phares allumés (feux de route) en éblouissant les autres conducteurs ;
- utilise l'avertisseur sonore (le klaxon) de façon abusive ;
- fait des gestes déplaisants ou agressifs.

Le conducteur doit respecter les règles de circulation, la signalisation et les priorités de passage, pour ne pas compromettre sa sécurité ni celle des autres usagers de la route. Il évite ainsi de commettre des infractions qui entraînent des amendes.

En tout temps, il faut avoir des comportements respectueux envers les autres usagers de la route.

Le conducteur qui fait face à un comportement agressif doit :

- garder son calme ;
- éviter de regarder le conducteur agressif, pour ne pas augmenter son agressivité ;
- éviter de réagir aux paroles ou aux gestes provocateurs ;
- prendre le meilleur moyen pour éviter le conflit.
  S'il le faut, céder le passage.

Dans la situation où une personne agressive quitte son véhicule et se dirige vers lui, le conducteur doit :

- demeurer dans son véhicule, s'assurer que les vitres sont fermées et verrouiller les portières ;
- éviter de discuter avec le conducteur agressif, de le regarder ou de faire des gestes provocateurs ;
- quitter les lieux et se diriger vers un endroit où il est possible d'obtenir de l'aide ;
- éviter de se rendre chez lui si le conducteur agressif le poursuit.

En tout temps, il faut éviter d'avoir des comportements agressifs envers les autres usagers de la route.

■ ASSURER LA SÉCURITÉ DE SES PASSAGERS

Le conducteur doit s'assurer que ses passagers sont en sécurité.

Stratégie

* Refuser de conduire tant que les passagers n'ont pas attaché leur ceinture de sécurité;

* établir avec les enfants les règles de sécurité avant le départ et les faire respecter;

* ne laisser aucun passager sortir les bras, les mains, la tête ou un objet par une vitre abaissée ou par le toit ouvrant;

* prévenir les passagers qu'il ne parlera pas beaucoup durant la conduite pour éviter de perdre sa concentration.

■ ÊTRE À L'ÉCOUTE DE SES PASSAGERS

Certains conducteurs sentent le besoin d'en faire plus au volant et courent des risques qui peuvent inquiéter les passagers ou même leur faire ressentir un malaise. Le conducteur doit être à l'écoute de ses passagers et assurer leur bien-être.

Le conducteur doit se questionner et ajuster sa conduite si un passager :

* se plaint qu'il a peur à cause de la vitesse trop élevée;

* demande de ralentir;

* offre de conduire;

* se tient à la portière;

* demande à quitter le véhicule.

Être à l'écoute de ses passagers et assurer leur bien-être, c'est faire preuve de jugement.

SUR LA ROUTE DU SUCCÈS

Respecter ses limites est le meilleur conseil que le nouveau conducteur doit mettre en pratique. Il est le meilleur juge de ses limites et des risques qu'il peut assumer.

En tout temps, il doit se préoccuper de sa sécurité et de celle des autres usagers de la route.

Les clés du succès de la sécurité routière sont :

• une attitude préventive ;

• une bonne méthode d'exploration visuelle ;

• des habiletés techniques ;

• le respect des lois ;

• la connaissance de ses limites.

Bonne route !

Des exercices d'apprentissage

Chapitre 6

DES EXERCICES THÉORIQUES

1 Énumérez trois types de distraction qui empêchent de garder sa concentration sur la conduite automobile:

a) _____

b) _____

c) _____

2 Complétez l'énumération des signes qui annoncent la fatigue.

a) _____

b) _____

c) Nombreux changements de position

d) _____

e) Fermeture des paupières de façon involontaire

f) Période de microsommeil, c'est-à-dire d'une durée de trois à quatre secondes

g) ───────────────────────────

h) ───────────────────────────

i) Pertes de mémoire (aucun souvenir des derniers kilomètres parcourus)

j) Hallucinations, surtout sur des routes ennuyeuses ou en présence de brouillard

3 **À l'aide des 4 énoncés suivants, complétez chacune des phrases qui illustrent ce que vous devez faire pour prévenir la fatigue visuelle.**

a) une bonne visibilité diminue la fatigue visuelle.

b) les contrastes lumineux augmentent la fatigue visuelle.

c) en cas de pluie, il y aura beaucoup moins d'éblouissement.

d) ils se réfléchissent dans le pare-brise et augmentent la fatigue visuelle.

1. Diminuer l'intensité de la lumière du tableau de bord, car

_____.

2. Éviter de placer des objets sur le tableau de bord, car

_____.

3. Nettoyer souvent le pare-brise et les rétroviseurs, car

_____.

4. S'assurer que les essuie-glaces sont en bonne condition, car

_____.

4 Placez d'abord en ordre les éléments de la colonne A et puis les phrases de la colonne B.

Colonne A	Colonne B
a) Agir	e) Est-il mieux pour le conducteur de perdre la maîtrise de son véhicule et de risquer de provoquer un accident ou bien de subir les plaisanteries des passagers ?
b) Évaluer les conséquences	
c) Trouver le problème	
d) Identifier les options possibles	f) Ce qui est proposé par un passager pose-t-il un problème au conducteur ? Si oui, de quel ordre ? Technique de conduite non maîtrisée ? Comportement non sécuritaire ?
	g) Est-il possible pour le conducteur d'agir selon son jugement, en utilisant l'humour pour négocier un compromis avec les passagers ?
	h) Choisir l'option qui assure sa sécurité et celle des autres usagers de la route.

Réponse :

	Colonne A	Colonne B
1		
2		
3		
4		

5 Les phrases suivantes numérotées illustrent des moyens préventifs pour éviter d'être irrité par les comportements irrespectueux des autres usagers de la route. Complétez chacune des phrases à l'aide des dix énoncés ci-dessous :

a) une musique relaxante ou un enregistrement humoristique

b) lorsque nous sommes fatigués ou tendus

c) les heures de pointe

d) assez à l'avance

e) sauf pour dépasser

f) agir

g) collaborer

h) conscientes ni volontaires

i) éviter les conversations tendues

j) des routes moins achalandées

1. Éviter de conduire ———————————————.

2. Partir ———————————————————.

3. Emprunter ————————————————.

4. Écouter —————————————————.

5. ——————————————— avec les passagers.

6. Éviter ——————————————————.

7. Circuler dans la voie de droite ———————————

————————————————————————.

8. Se rappeler que les fausses manœuvres des autres conducteurs ne sont pas toujours _____.

9. _____ toujours avec les autres conducteurs.

10. _____ en protégeant les conducteurs moins habiles.

6 **Vrai ou faux**

Indiquez par un X si les énoncés suivants sont vrais ou faux.

	Vrai	Faux
1. Le conducteur qui utilise le téléphone à dispositif mains libres peut conduire en toute sécurité.	☐	☐
2. Même s'il n'a aucun symptôme de fatigue, le conducteur doit prendre des moyens pour que son énergie et sa coordination demeurent à un niveau maximal.	☐	☐
3. L'alcool est un stimulant.		
4. La pression de l'entourage peut être aussi bien positive que négative.	☐	☐
5. Un conducteur qui remet en question sa conduite fait preuve de jugement.	☐	☐

CORRIGÉ DES EXERCICES D'APPRENTISSAGE

Exercices	Questions	Réponses	Références
1 Trois types de distraction	a)	Distraction physique	p. 215
	b)	Distraction intellectuelle	p. 215
	c)	Combinaison des deux	p. 216
2 Complétez l'énumération	a)	Baîllements répétés	
	b)	Tendance à trop fixer (réduction du balayage visuel)	
	d)	Picotements dans les yeux	p. 218, 219
	g)	Difficulté à se concentrer et à rester attentif	
	h)	Réactions plus lentes	
3 Phrase à compléter	1	b)	p. 220
	2	d)	p. 221
	3	a)	p. 221
	4	c)	p. 221
4 Association	1	c) et f)	
	2	b) et e)	p. 236
	3	d) et g)	
	4	a) et h)	

CORRIGÉ DES EXERCICES D'APPRENTISSAGE

Exercices	Questions	Réponses	Références
5 Association	1	b)	
	2	d)	
	3	j)	
	4	a)	
	5	i)	p. 225, 226
	6	c)	
	7	e)	
	8	h)	
	9	g)	
	10	f)	
6 Vrai OU Faux	1	F	p. 217
	2	V	p. 219
	3	F	p. 221
	4	V	p. 228
	5	V	p. 232

Cette annexe s'adresse
aux conducteurs de véhicules
qui transportent des enfants.

LES DISPOSITIFS DE SÉCURITÉ POUR ENFANTS

Le siège d'auto pour enfants

Tous les enfants dont la hauteur en position assise est plus petite que 63 centimètres doivent être installés dans un siège d'auto pour enfants. Pour choisir le bon siège, le conducteur doit tenir compte du poids et de la taille de l'enfant. Il en existe trois modèles :

• le siège pour nouveau-né (moins de 9 kg ou de 66 cm) ;

• le siège d'enfant (de 9 à 18 kg ou de 66 à 102 cm) ;

• le siège d'appoint pour les enfants de plus de 18 kg.

Tous les sièges d'auto pour enfants vendus au Canada sont conformes aux normes de Transports Canada. Il faut éviter d'acheter ou d'utiliser ceux qui sont vendus aux États-Unis, car les normes y sont différentes.

Le conducteur doit suivre toutes les directives d'installation du siège d'auto pour :

• le fixer correctement à la banquette ;

• bien attacher l'enfant au siège d'auto.

Il ne faut pas hésiter à faire vérifier l'installation du siège. Avec la Société de l'assurance automobile du Québec, CAA-Québec a créé un important programme de formation pour les ateliers membres de son Réseau de garages recommandés. Plusieurs ateliers peuvent répondre à toutes les questions qui concernent les sièges d'auto. Des informations supplémentaires sont disponibles à ce sujet sur le site Web du CAA-Québec au **www.caaquebec.com**

Il est aussi important de remplir la carte d'enregistrement du siège et de la retourner au fabricant. En cas de rappel, le fabricant communiquera avec le propriétaire du siège.

Il faut éviter les jouets ou les accessoires pour le siège d'auto qui ne sont pas souples. En cas de collision ou de freinage, un jouet de métal ou de plastique dur peut être projeté et blesser l'enfant, un autre passager ou le conducteur.

Il faut toujours attacher l'enfant, même sur une courte distance à parcourir. Plus de la moitié des accidents surviennent dans les zones où la limite de vitesse est de 50 km/h et à moins de 8 km de la maison.

Enfin, il faut toujours asseoir les enfants de moins de 12 ans sur la banquette arrière, surtout si le véhicule est équipé d'un coussin gonflable du côté du passager avant.

Après un accident, vous devriez remplacer le siège d'auto pour enfants, pour plus de sécurité.

Les verrous de sécurité pour les enfants

Pour empêcher un enfant d'ouvrir les portières arrière et de risquer de tomber du véhicule en mouvement, il est recommandé d'actionner les verrous de sécurité. Ces verrous sont situés sur le côté des portières arrière. Pour les activer, il faut ouvrir les portières.

LA TRANSMISSION MANUELLE

Pour changer de vitesse sur un véhicule à transmission manuelle, le conducteur doit appuyer sur la pédale d'embrayage afin de désengager la transmission du moteur. Après, il doit la relâcher pour engager à nouveau le moteur et la transmission.

▓ L'UTILITÉ DES POSITIONS – TRANSMISSION MANUELLE

POSITION DU LEVIER	UTILITÉ
R - Marche arrière *(reverse)*	• Pour reculer. Dans cette position, les feux blancs s'allument à l'arrière du véhicule.
Point mort *(neutre)* illustré par la ligne horizontale sur le dessus du levier	• Pour démarrer le moteur ; • Pour garder le moteur en marche lorsque le véhicule est arrêté.
1 - Premier rapport	• Pour mettre en mouvement le véhicule ; • Pour monter ou descendre une côte prononcée à basse vitesse ; • Pour les manœuvres de stationnement.

POSITION DU LEVIER	UTILITÉ
2 - Deuxième rapport	• Pour circuler lentement ; • Pour descendre ou monter une côte moyenne.
3 - Troisième rapport	• Pour la conduite normale en ville à vitesse constante ou avec de légères accélérations.
4 - Quatrième rapport	• Pour la conduite normale en ville à vitesse un peu plus élevée.
5 - Cinquième rapport	• Pour conduire sur des routes à vitesse élevée, lorsque le conducteur atteint une vitesse de croisière suffisante (aux environs de 75 km/h, selon le véhicule).

Avec la pratique, le conducteur reconnaît le moment de changer de rapport de vitesses d'après le son et la réponse du moteur. S'il passe à un rapport supérieur, le régime du moteur diminuera. À un rapport inférieur, il augmentera.

▓ DÉMARRER LE MOTEUR AVEC UNE TRANSMISSION MANUELLE

Voici les étapes à suivre :

• appuyer sur la pédale de frein ;

• s'assurer que le frein de stationnement est bien engagé ;

• enfoncer la pédale d'embrayage avec le pied gauche jusqu'au fond ;

• placer le levier de vitesses au point mort tout en maintenant la pédale d'embrayage bien enfoncée ;

- tourner la clé de contact à la position marche *(On)* ;
- surveiller les indicateurs et s'assurer que les témoins lumineux rouges sont allumés ;
- enfoncer l'accélérateur une fois et le relâcher lentement ;
- tourner la clé à la position démarrage *(Start)* et laisser la clé reprendre sa position dès que le moteur démarre ;
- vérifier si les indicateurs et les jauges du tableau de bord fonctionnent de façon normale ;
- laisser remonter la pédale d'embrayage.

Si le démarrage est difficile, ne pas insister. Cela pourrait affaiblir la batterie. Trouver, si possible, la cause de cette difficulté ou consulter un mécanicien.

Par temps très froid, il peut être suggéré d'appuyer un peu sur l'accélérateur au moment du démarrage. Consulter d'abord le manuel du propriétaire du véhicule pour connaître les étapes au démarrage dans toutes les conditions.

▪ PASSER À UN RAPPORT DE VITESSES SUPÉRIEUR

Il est préférable de passer à un rapport de vitesses supérieur, c'est-à-dire plus élevé, avant que le moteur tourne trop vite. Au moment d'accélérer, le conducteur doit changer de rapport de façon progressive pour adapter le régime du moteur à la vitesse du véhicule. Il faut effectuer ce changement de rapport rapidement mais en douceur. C'est par la pratique que le conducteur maîtrise bien cette technique.

La façon de passer à un rapport de vitesses supérieur est la même pour toutes les vitesses :

• relâcher la pédale de l'accélérateur de façon graduelle ;

• appuyer sur la pédale d'embrayage ;

• déplacer le levier de vitesses à un rapport supérieur ;

• relâcher complètement la pédale d'embrayage tout en accélérant.

Évitez de laisser votre pied sur la pédale d'embrayage entre les changements de vitesse. Le système d'embrayage pourrait s'user plus vite. Choisissez un rapport de vitesses adapté à la circulation et aux limites de vitesse. Vous serez ainsi prêt à faire face à tout ce qui pourrait arriver sur la route.

▆ PASSER À UN RAPPORT DE VITESSES INFÉRIEUR

Cette manœuvre est plus compliquée que le passage à un rapport supérieur. Il faut passer à un rapport inférieur dès que la force du moteur ne suffit plus pour garder sa vitesse. Lorsque la circulation ralentit, il peut être suffisant de réduire la vitesse du véhicule en rétrogradant, c'est-à-dire en passant à un rapport de vitesses inférieur.

Avant de rétrograder, le conducteur vérifie que la vitesse du véhicule ne dépasse pas la vitesse maximale permise pour changer le rapport, sinon le moteur risque de s'emballer.

Pour ne pas sentir l'effet de freinage au moment de passer à un rapport inférieur, il faut :

- relâcher la pédale de l'accélérateur de façon graduelle ;
- appuyer sur la pédale d'embrayage ;
- déplacer le levier de vitesses à un rapport inférieur ;
- relâcher tout de suite la pédale d'embrayage et, en même temps, accélérer.

Il faut rétrograder d'un seul rapport à la fois, sinon l'effet de freinage risque d'être trop fort et occasionner un dérapage du véhicule si la chaussée est glissante.

À l'entrée d'un virage ou dans une côte, lorsque la vitesse du véhicule doit être réduite à cause d'un ralentissement de la circulation, le conducteur doit passer à un rapport inférieur avant que la force du moteur commence à faiblir.

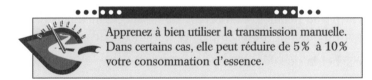

Apprenez à bien utiliser la transmission manuelle. Dans certains cas, elle peut réduire de 5 % à 10 % votre consommation d'essence.

▇ RÉTROGRADER POUR REPRENDRE DE LA VITESSE EN MONTANT UNE CÔTE

En montant une côte, le véhicule perd de la vitesse si le moteur n'est pas assez fort. Le conducteur doit alors rétrograder pour continuer à monter sans trop perdre sa vitesse.

Dès qu'il se rend compte que le véhicule perd de la vitesse, il doit rétrograder pour atteindre la bonne vitesse. Il doit vite appuyer sur la pédale d'embrayage en relâchant l'accélérateur. Après avoir sélectionné le rapport de vitesses inférieur, il doit encore une fois relâcher rapidement la pédale d'embrayage et accélérer en même temps sans brusquerie.

■ DÉMARRER EN MONTANT UNE CÔTE

Pour démarrer dans une côte, il faut une plus grande maîtrise des pédales d'accélération et de débrayage. Le conducteur moins expérimenté ne doit pas se décourager. Il est tout à fait normal de ne pas y arriver du premier coup.

Pour réussir, il faut :

- garder le véhicule immobile en appuyant sur la pédale de frein ;

- appuyer sur la pédale d'embrayage ;

- déplacer le levier de vitesses au premier rapport ;

- relâcher la pédale d'embrayage de façon graduelle jusqu'au point de friction pour empêcher le véhicule de reculer ;

- relâcher la pédale de frein ;

- appuyer sur la pédale de l'accélérateur de façon graduelle et, en même temps, continuer à relâcher lentement la pédale d'embrayage ;

- relâcher la pédale d'embrayage dès que le véhicule avance.

Le conducteur ne doit pas relâcher trop vite la pédale d'embrayage, car le moteur risque de s'arrêter de façon brusque.

Pour monter une côte, il faut accélérer afin de combattre les effets de la gravité et conserver la même accélération.

Apprenez à maîtriser les changements de vitesse, le freinage et l'accélération. Ces habiletés vous permettront de garder le contrôle de votre véhicule.

▓ POUR IMMOBILISER LE VÉHICULE

Pour le véhicule à transmission manuelle, le conducteur doit rétrograder au fur et à mesure que sa vitesse diminue. Il ne doit pas se servir uniquement de la transmission pour ralentir. Il doit débrayer, c'est-à-dire mettre le moteur au point neutre, avant d'arrêter.

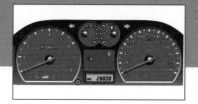

LES TÉMOINS LUMINEUX ET LES INDICATEURS

Les cadrans, les témoins lumineux et les indicateurs placés sur le tableau de bord renseignent le conducteur sur la condition du véhicule, sur le fonctionnement du moteur et des divers systèmes. Les lampes témoins et les jauges installées sur les véhicules indiquent une défectuosité qui pourrait briser le moteur.

Le témoin a l'avantage d'attirer tout de suite l'attention. Par contre, l'indicateur à aiguille est plus précis. Il avertit avant que les dommages deviennent irréparables. Il permet de bien suivre l'évolution d'un paramètre du moteur, par exemple, la température du liquide de refroidissement.

Les témoins lumineux verts informent, par exemple de la direction du clignotant activé. Les orangés ou les jaunes ont pour fonction de rappeler et d'informer. Les témoins rouges qui s'allument indiquent une anomalie ou avertissent d'un bris possible si le conducteur ne règle pas la situation.

L'indicateur de vitesses

Cet indicateur précise la vitesse du véhicule en kilomètres par heure (km/h). Le conducteur doit le consulter souvent pour s'assurer de respecter la limite de vitesse.

L'odomètre (compteur kilométrique)

L'odomètre indique la distance totale en kilomètres parcourue par le véhicule. Certains véhicules ont un odomètre qui permet de calculer le kilométrage parcouru au jour le jour ou par voyage. Il suffit d'appuyer sur le bouton prévu pour remettre le compteur à zéro.

Le tachymètre (compte-tours)

Certains véhicules ont un tachymètre. Ce dispositif indique le régime du moteur en milliers de tours par minute (tr/min). Il comporte une zone rouge qui indique la vitesse de rotation maximale de sécurité du moteur.

 Avec une transmission manuelle, le conducteur peut utiliser le tachymètre comme guide au moment de changer de vitesses. Ce dispositif aide à changer de vitesse au bon moment et permet une meilleure utilisation de l'essence. Pour en savoir plus à ce sujet, le conducteur peut consulter le manuel du propriétaire du véhicule.

 Évitez de faire tourner le moteur de votre véhicule trop vite. Si l'aiguille du tachymètre atteint la zone rouge, votre moteur risque d'être endommagé.

■ LES PROBLÈMES ANNONCÉS PAR LES TÉMOINS ET LES INDICATEURS

Au moment de démarrer le moteur, le conducteur vérifie si les indicateurs et les témoins du tableau de bord fonctionnent bien. Si un témoin de couleur rouge reste allumé, il faut couper le contact et consulter un mécanicien.

Si un témoin s'allume pendant la conduite, le véhicule a peut-être un problème mécanique.

Le témoin et l'indicateur du niveau d'essence

Le témoin de niveau d'essence s'allume lorsque le réservoir est presque vide. L'aiguille de l'indicateur donne la quantité approximative d'essence dans le réservoir.

F- Plein
E- Vide

Témoin

Indicateur
de niveau d'essence

Si le témoin de niveau d'essence s'allume et que le conducteur ne peut pas faire le plein, il risque une panne d'essence. En cas de panne, il devra se ranger au bord de la route, si possible, rendre son véhicule visible et soulever le capot.

Le témoin et l'indicateur de charge

Le témoin de charge allumé signifie que l'alternateur ne charge plus la batterie. Il y a donc un problème mécanique lorsque le témoin de charge reste allumé quand le moteur tourne. C'est aussi le cas lorsque l'aiguille de l'indicateur se déplace vers les zones rouges de basse ou de haute tension et semble rester dans ces zones.

Dans ce cas, le conducteur doit :

- utiliser le moins possible les accessoires électriques ;
- faire vérifier le circuit électrique du véhicule le plus vite possible, car le moteur pourrait ne pas redémarrer.

Témoin

Indicateur
de charge

Le témoin et l'indicateur de température du liquide de refroidissement

Le moteur surchauffe lorsque le témoin de température du liquide de refroidissement s'allume ou que l'aiguille de l'indicateur atteint la zone H.

Témoin

H- Chaud
C- Froid

Indicateur de température
du liquide de refroidissement

Dans ce cas, le conducteur doit :

* se déplacer sur le bord de la route, arrêter son véhicule et couper le contact du moteur dès que possible ;

* éviter d'ouvrir le bouchon du radiateur à cause du risque de brûlure très grave ;

* attendre que la température revienne à la normale.

Le témoin et l'indicateur de pression d'huile

Le témoin de pression d'huile s'allume lorsqu'il y a une chute de pression. Circuler lorsque la pression d'huile est faible peut endommager le moteur. La pression indiquée par l'aiguille de l'indicateur peut varier selon la température extérieure ou la sorte d'huile utilisée.

H- Pression élevée
L- Basse pression

Témoin

Indicateur
de pression d'huile

Dans ce cas, le conducteur doit :

* se déplacer sur le bord de la route dès que possible, pour éviter d'endommager le moteur ;

* couper le contact du moteur ;

* vérifier le niveau d'huile. S'il est normal, il peut y avoir une panne dans le système de lubrification. Éviter de redémarrer le moteur et appeler tout de suite un garagiste.

Le témoin de circuit de freinage

Si le témoin de circuit de freinage s'allume pendant la conduite sans que le frein de stationnement soit mis en fonction, cela indique un problème du système de freinage.

Dans ce cas, le conducteur doit :

- se déplacer sur le bord de la route dès que possible ;

- couper le contact du moteur ;

- vérifier le niveau du liquide de frein.

Témoin de circuit de freinage

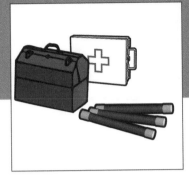

LA TROUSSE DE DÉPANNAGE

Il est bon de toujours laisser du matériel de dépannage dans
le véhicule :

- une trousse de premiers soins ;

- des câbles d'appoint ;

- une lampe de poche et des piles de rechange. Au froid,
  les piles peuvent mal fonctionner. Pour éviter ce problème,
  il est préférable de les conserver dans le véhicule,
  par exemple, dans le coffre à gants ;

- une couverture chaude ;

- des allumettes et des bougies ;

- des fusées de détresse et un dispositif lumineux comme
  un réflecteur ou une lampe électrique ;

- un fanion (petit drapeau en forme de triangle à placer
  à quelques mètres du véhicule) ;

- un détecteur d'oxyde de carbone.

Quand l'hiver arrive, les objets à placer dans le coffre arrière sont plus nombreux :

• un balai à neige ;

• un grattoir à vitre ;

• une pelle ;

• des plaques antidérapantes ;

• de l'antigel pour l'essence ;

• un sac de sable ou de sel.

Pour se réchauffer ou pour mieux résister aux mauvaises conditions climatiques, le conducteur peut avoir :

• des gants ou des mitaines ;

• des vêtements chauds ;

• des bottes, un foulard et une tuque.

 En hiver, il peut être pratique d'avoir un contenant d'antigel pour les serrures. Attention, ne le gardez pas dans le véhicule.

LES VÉHICULES UTILITAIRES SPORT (VUS)

Les véhicules utilitaires sport, appelés « 4 X 4 », sont appréciés pour leur robustesse et leur performance sur la route. Au volant de ces véhicules, certains conducteurs croient pouvoir circuler rapidement, en toute sécurité et dans toutes les conditions. C'est une attitude qui peut leur jouer des tours.

Les véhicules à quatre roues motrices ne se conduisent pas comme une automobile. Sur quatre roues motrices, une légère perte de contrôle peut causer un accident.

Le véhicule utilitaire sport est haut et étroit. Son centre de gravité (qui maintient le véhicule au sol) est plus haut que celui d'une automobile. C'est pourquoi les quatre roues motrices sont instables dans les courbes.

Le chargement vient aussi aggraver l'instabilité de ce type de véhicules. Plus le chargement est élevé, plus le centre de gravité s'élève, surtout lorsque des bagages sont ajoutés sur le toit, par exemple.

D'habitude, la conduite en ligne droite ne pose pas de problème. Par contre, ce véhicule a tendance à verser lorsque le conducteur circule trop vite dans les courbes serrées. Il risque alors de perdre le contrôle au freinage, dans les virages ou dès les premiers indices de dérapage.

Le meilleur moyen d'éviter un capotage est de ralentir dans les courbes. Les quatre roues motrices sont utiles à basse vitesse lorsqu'il y a une bordée de neige ou pour monter une côte. Cependant, le conducteur doit revenir à deux roues motrices dès que possible. Enfin, il doit savoir adapter sa conduite sur une autoroute et sur la glace.

A

Accélérateur, 12, 183

Accident, 100, 126, 188, 202-205

Accotement, 142, 158, 191

Adaptation,
- à la circulation, 92, 96, 101, 115
- de la conduite, 121, 140-145, 164-171

Adhérence, 23, 24, 66, 68, 69, 125, 166, 172, 173

Alcool,
- effets sur la conduite, 4, 221-223
- fausses croyances, 223

Angle mort, 52-56, 133,134

Animal, 37, 188

Appel de phares, 118

Appuie-tête, 15, 16

Aquaplanage, 162, 194, 195

Arrêt d'urgence, 196

Attitude préventive, 2

Autobus, 136, 141

Autobus scolaire, 137

Autoroute, 99-105, 121, 142, 200

B

Bagages,
- porte-bagages, 36, 261
- transport de, 35, 36, 160

Balayage visuel, 46,79

Brouillard, 155-159

C

Capot, 183, 184

Ceinture de sécurité, 14, 17, 73, 79, 232

Champ visuel, 45, 48-50

Changement de vitesse,
- transmission automatique, 20, 21, 22, 75, 78, 172
- transmission manuelle, 20, 21, 75, 170, 172, 245-251

Changement de voie, 28, 96-105

Chauffage, 179

Clignotants (voir feux de changement de direction),

Climatisation, 25

Collision (voir risque de collision),

Comportement irrespectueux ou agressif, 229-231

Compteur kilométrique, (odomètre), 254

Condition physique et mentale, 4,5

Conditions climatiques,
- conduite en hiver, 164-180
- conduite par mauvais temps, 155-159

Conduite de nuit, 152-156,220

Consommation d'alcool, de médicaments et de drogues, 4, 221-223

Contact visuel, 118

Côte,
- avec transmission manuelle, 248-250
- en hiver, 171-173
- montante, 144,145
- stationner dans une, 81

Courbe,
- négocier une, 87, 88

Courtoisie au volant, 224

Coussins gonflables, 18

Cycliste, 126, 129, 130

Cyclomotoriste, 131

D

Décélération, voie de, 104, 105, 142

Dégivreur, 26

Demi-tour, 98

Dépassement,
- de véhicules lents, 134, 145
- de véhicules lourds, 56, 134, 135, 159
- sur une autoroute, 98, 99, 100

Dérapage, 175, 192-194, 249, 262

Direction assistée
(voir servodirection),

Distance,
- maintien d'une distance sécuritaire, 122,123
- de freinage, 124, 125

Distraction, 215, 216

E

Eau,
- traverser une mare d'eau, 195, 196

Éblouissement, 145, 154, 155, 220, 221

Échangeur (voir autoroute),

Énergie cinétique, 70

Enlisement dans la neige, 176, 177

Entretien périodique, 30-33, 201

Être dépassé, 100, 154

Être suivi de trop près, 229

Exploration visuelle
(voir balayage visuel),

F

Fatigue, 4, 218-221

Feu (incendie), 196,197

Feux,
- de changement de direction, 28, 97, 101, 102, 105, 119
- de croisement, 27, 28, 117, 118
- de détresse, 27, 29
- de freinage surélevé, 27
- de marche arrière, 27, 29
- de position, 27
- de route, 28, 118

Fils électriques, 198, 204

Force,
- centrifuge, 69
- d'impact, 17, 71, 121

Freinage d'urgence, 174, 175, 190, 196, 197

Friction, 66, 70

G

Gravier, 161, 163
Gravité, 67, 250, 261

H

Hiver, 23, 135, 164-180, 260
Hypnose de la route, 104

I

Immobilisation, 22, 78, 91, 173
Indicateur,
- de charge, 256
- de niveau d'essence, 255
- de pression d'huile, 257
- de température du liquide de refroidissement, 256
- de vitesse, 254

Inertie, 68
Insecte dans le véhicule, 198
Intersection,
- effectuer un virage à une intersection, 94
- s'immobiliser à une intersection, 91
- traverser une intersection, 92

K

Klaxon, 27, 118, 127, 197

M

Marche arrière, 79
Mise en mouvement,
- en hiver, 169, 170, 171
- régulière, 74,75

Moteur,
- bris, 30, 182, 253
- démarrage, 19, 74, 170, 181, 246
- en hiver, 167, 169
- surchauffe, 181, 256

Motocycliste, 126, 131, 132, 205
Motoneige,
- passage pour, 138

N

Neige (voir hiver),
Nuit (voir conduite de nuit),

O

Obstacle, 47, 153, 188, 189

P

Panne, 29, 199, 200
- prévenir la, 201

Pare-soleil, 25, 35
Passage à niveau, 141
- panne, 200, 201

Pente (voir côte),

Phare, 27, 28, 117
- antibrouillard, 157, 158
- appel de phares, 118
- bris, 185, 186

Piéton, 126-128, 136
Planifier ses déplacements, 9
Pluie, 155, 156, 161, 162
Pneu,
- crevaison, 24, 187
- pneu de secours, 187
- pneus d'hiver, 23, 166
- pression d'air, 23, 24, 32, 166
- usure, 32-34

Porte-bagages, 36
Position de conduite, 11, 16, 18
Pression des autres, 227, 228
Problèmes mécaniques, 181-187

R

Rapport de vitesses
(voir changement de rapport de vitesses),
Règle des 2 secondes, 122, 123
Respect,
- de ses limites, 4, 8, 45, 233
- des priorités de passage, 8, 92, 93, 103, 127, 129, 144, 230

Rétrograder, 249, 251
Rétroviseurs, 16, 51-54
Risque de collision, 45, 54, 58, 88, 181, 197, 200

S

Sécurité,
- des passagers, 8, 17, 136, 226, 228
- dispositifs de sécurité, 17, 18, 71, 241

Servodirection, 14, 15, 182, 184
Servofrein, 12, 182
Siège,
- ajustement du, 13, 14
- d'auto pour enfants, 17, 241, 243

Signaler ses intentions, 28, 119, 181
Somnolence, 4, 218-220
Stationnement,
- différents types de, 81-84
- en hiver, 175
- dans une côte, 82

T

Tachymètre (voir compteur kilométrique),
Téléphone cellulaire, 217, 218, 227
Temps,
- de perception, 124, 125
- de réaction, 124

Transmission
(voir changement de vitesse)
Trousse de dépannage, 259
Tunnel, 28, 117, 140, 159
Tuyau d'échappement, 179, 189, 201

V

Véhicule,
- d'urgence, 137
- lent, 134, 145
- lourd, 56, 86, 132, 133, 134, 159, 160
- tout-terrain, 138

Véhicule utilitaire sport, 261, 262

Ventilation, 25, 39

Vents violents, 159, 160

Vérification mécanique, 30-34

Verrous de sécurité pour enfants, 243

Virage,
- aux intersections, 94, 95
- en double, 96

Vitesse sécuritaire, 115, 120, 121, 152, 161, 162

Vitres,
- teintées, 25

Voie,
- pour véhicules lents, 145

Voie ferrée, 141, 200

Volant,
- position des mains, 76, 77

Z

Zone,
- agricole, 143
- d'angles morts, 52, 53, 54, 56
- scolaire, 136, 137, 140
- urbaine, 49

Achevé d'imprimer en février 2006
sur les presses de l'Imprimerie Offset Beauce ltée
à Sainte-Marie (Québec)